Cornelius Roth

50 KIRCHEN IN ROM

Ein spiritueller Rundgang

Mit Aufnahmen von Carlo Böttger

Kunstverlag Josef Fink

Be Be

Fotos: Carlo Böttger, Elsteraue
Karte: © Peter Palm, Berlin

Vordere Umschlagseite:
Innenhof des Kreuzgangs von Santi Quattro Coronati (Nr. 21)

Vordere Umschlagklappe außen:
oben: Inneres von San Pietro in Vaticano (Nr. 9); unten: Kreuzgang von Santi Quattro Coronati (Nr. 21)

Vordere Umschlagklappe innen:
Der Innenraum von San Paolo fuori le Mura (Nr. 8)

Rückwärtige Umschlagklappe innen:
Stadtplan mit Standorten der Kirchen

Rückwärtige Umschlagklappe außen:
Die Piazza Navona mit dem Palazzo Pamphili und Sant'Agnese in Agone (Nr. 29)

Bibliografische Information der Deutschen Nationalbibliothek
Die Deutsche Bibliothek verzeichnet diese Publikation in der Deutschen Nationalbibliografie; detaillierte bibliografische Daten sind im Internet unter „http://dnb.d-nb.de" abrufbar.

2. Auflage 2024
ISBN 978-3-95976-138-3 (Kunstverlag Josef Fink)
ISBN 978-3-903602-88-5 (Be+Be-Verlag)

Kunstverlag Josef Fink
Hauptstr. 102 b, D-88161 Lindenberg i. Allgäu
www.kunstverlag-fink.de

Be+Be-Verlag Heiligenkreuz
A-2532 Heiligenkreuz im Wienerwald
www.klosterladen-heiligenkreuz.at

Korrektorat: Carolin Völk, Windach
Bildbearbeitung: Holger Reckziegel, Bad Wörishofen
Gedruckt in der EU

INHALT

Santa Maria in Vallicella (Nr. 35)

LVS·CAESIVS·EPISC·TVDERTINVS·FECIT·ANNO·DOM·M

ZUM GELEIT

Nach Rom zu reisen ist heute einfach. In Rom selbst bieten die Tourismusunternehmen zahlreiche Möglichkeiten, viel von der Ewigen Stadt zu sehen. Zu bewundern gibt es in der Tat sehr viel: neben den Monumenten des antiken Rom und der großen Kunst in den verschiedenen Jahrhunderten auch die vielen Basiliken und Kirchen, die das christliche Rom in seiner langen Geschichte und Gegenwart repräsentieren. Gerade in Rom braucht der Tourismus aber auch seine gleichsam ältere Schwester, nämlich die Wallfahrt. Denn die Wallfahrt ist viel älter als ihr jüngerer profaner Bruder, der Tourismus. So weit wir in die Geschichte der Menschheit zurückblicken können, zeigt sich die Wallfahrt als eine ihrer Urgebärden. Die Wallfahrt ist deshalb mehr als Tourismus. Sie muss das auch im Tourismus Ersehnte und Gewollte noch besser verwirklichen, nämlich die Ursehnsucht des Menschen befriedigen, vom Gewöhnlichen des Alltags Abstand zu gewinnen, aus ihm heraus zu finden und frei zu werden. Während der Tourismus hilft, die Wege in der Geographie der Stadt zu finden, zeigt uns die Wallfahrt auch den inneren Weg, gleichsam die Geographie des Glaubens. Ihr geht es in erster Linie nicht um die Sehenswürdigkeiten, sondern um den inneren Weg zum lebendigen Gott. Als Pilger suchen wir Heiligtümer und Stätten der Heilsgeschichte auf, um uns im Glauben zu stärken und Wegweisung für unser weiteres Leben zu erhalten.

Bei einer Wallfahrt betrachten wir nicht nur die äußeren Gebäude, sondern erspüren auch ihre innere Atmosphäre. Diese Erfahrung können wir freilich bereits bei profanen Gebäuden machen: Man kann eine Eiskunsthalle nur wirklich erfahren, wenn sie nicht menschenleer, sondern von Künstlern auf dem Eis belebt ist. Und man kann eine Konzerthalle nur dann wirklich betrachten, wenn in ihr Musik ertönt. Erst recht ein Kirchengebäude kommt erst dann zu seiner Geltung, wenn wir in ihm das vollziehen, was eine Kirche zur Kirche macht, und dies ist das

Gebet. Das deutsche Wort „Kirche" leitet sich vom griechischen Wort „kyriake" her, das von den Goten in den germanischen Wortschatz vermittelt worden ist und „Haus des Herrn" bedeutet. Eine Kirche kann man deshalb nur erfahren, wenn man dabei auch ihrem „Hausherrn" begegnet. Denn ein Kirchengebäude ist dazu bestimmt, als Audienzhalle für das Kommen Gottes in die Versammlung der Gemeinschaft der Glaubenden zu Gebet und Gottesdienst zu dienen. Das Gebet ist der adäquate Empfang bei dieser Audienz.

Darin besteht der Sinn des spirituellen Begleiters durch 50 Kirchen Roms, den Sie, liebe Pilger, in Händen halten. Er will helfen, das touristische Tun und das Vergnügen an der Kunst zu verbinden mit dem inneren Weg der Wallfahrt und die 50 Kirchen, die präsentiert werden, von innen her und damit von ihrer Zielbestimmung her zu erfahren. Dazu dienen die Gebete, Meditationen und geistlichen Impulse, die im Führer enthalten und auf die Eigenarten der verschiedenen Kirchen zugeschnitten sind, sodass die Kirchengebäude von ihrer großen Geschichte, von ihrer reichen Kunst und von ihrem spirituellen Schatz zu sprechen beginnen.

Ich bin Prof. Cornelius Roth in Fulda dankbar, dass er als Fachmann für Liturgie und Spiritualität das Projekt eines spirituellen Reiseführers für Rom gewagt und verwirklicht hat. Allen, die diesen Führer in die Hand nehmen, wünsche ich, dass er hilft, sich in die innere Geographie des christlichen Glaubens zu vertiefen, die uns in den Basiliken und Kirchen Roms begegnet, und uns neu bewusst zu werden, dass wir Menschen in dieser Welt immer Pilger sind, unterwegs zur wahren Heimat, für die die Kirchen irdische Abbilder sind, und damit unterwegs zur endgültigen Audienz mit dem lebendigen Gott in der „Ewigen Stadt" des Reiches Gottes, und wir ihn sehen werden „bis in alle Ewigkeit".

Rom, im Januar 2019 *Kurt Card. Koch*

VORWORT

Es gibt unzählige Reiseführer von Rom. Darunter sind Kunstführer, historisch ausgerichtete Führer und Pilgerführer. Sowohl der kunst- und geschichtsinteressierte als auch der spirituell suchende Zeitgenosse haben also genug Material, so könnte man meinen.[1] Außerdem sind einige Bücher auf dem Markt, die Kirchen geistlich mithilfe von Meditationen, Impulsfragen und den dort befindlichen Heiligen deuten.[2]

Wozu also noch ein Romführer?

Die Idee zu diesem spirituellen Kirchenführer kam mir auf verschiedenen Romreisen mit Gruppen, bei denen man häufig in kurzer Zeit viele Kirchen besichtigen möchte. Oftmals bleibt da nur wenig Zeit, auch den geistlichen Gehalt einer Kirche zu erleben. Gelegentlich wird noch ein „Vaterunser" oder ein „Gegrüßet seist du, Maria" gebetet oder ein Kanon gesungen, was alles in sich gut und richtig ist. Wenn man aber zu einer Kirche als Führer einer Pilgergruppe oder auch als Einzelpilger ein Gebet sucht, das zu dem Ort passt, an dem man sich befindet, muss man sich mühsam zu Hause etwas zusammensuchen. Da wäre es sicher hilfreich,

[1] Zu nennen ist hier z. B. Erwin Gatz, Roma Christiana. Ein kunst– und kulturgeschichtlicher Führer über den Vatikan und die Stadt Rom, Regensburg ²2003. Geschichtlich interessant und dabei kurzweilig ist auch das neue Buch der Althistorikerin Willemijn van Dijk, Via Roma. Die Geschichte Roms in 50 Straßen, München 2015.

[2] Zum Beispiel StefanBöntert, Rom – wo der Himmel der Erde so nah ist, Stuttgart 2006. Zu nennen ist auch der Heiligenführer durch Roms Kirchen von Clemens Bombeck, Auch sie haben Rom geprägt. An den Gräbern der Heiligen und Seligen in der Ewigen Stadt, Regensburg 2004. Hier werden 74 Kirchen Roms beschrieben, in denen sich Gräber von Heiligen und Seligen befinden. Für jede Kirche wird ein kurzes Lebensbild des/der Heiligen gegeben, Gedanken in Form eines Zitats aus der Tradition der Kirchenväter oder des/der betreffenden Heiligen und die Tagesoration des/der Heiligen. Soeben erschienen ist: Wolfgang Metz, Rom. Auf geistlichen Wegen durch die Ewige Stadt, Würzburg 2019.

kompakt zu den einzelnen Kirchen ein passendes Gebet oder eine kurze Meditation zur Hand zu haben. Es kann darüber hinaus auch sinnvoll sein, einen Impuls zu bekommen, der sich auf die vor Ort zu sehenden Kunstwerke bezieht, insofern jede Kunst auch eine spirituelle Aussage beinhaltet. Dabei spielen sicher auch Fotos eine wesentliche Rolle, welche die Texte und Bildmeditationen nicht nur ergänzen, sondern eine eigene geistliche Aussagekraft besitzen und schon in der Vorbereitung auf eine Romreise Lust auf den Besuch einer bestimmten Kirche machen können.

Dieser spirituelle Kirchenführer möchte daher in der gebotenen, für eine Gruppe angemessenen Kürze (jeweils 3–4 Seiten pro Kirche) einige Gebete, Meditationen und geistliche Impulse geben, die in den großen Pilgerkirchen wie auch in kleineren, unbekannteren Kirchen etwas vom geistlichen Gehalt des Ortes erschließen. Die meisten Texte sind dabei neu vom Autor formuliert worden, ab und an werden aber auch Gebete oder Lieder aus der Tradition und der Liturgie verwendet. Im Unterschied zu anderen Kirchenführern Roms wie dem von Herbert Rosendorfer[3] liegt die Betonung beim spirituellen Kirchenführer also mehr auf dem Gebet, das vor Ort – allein oder in der Gruppe – verrichtet werden kann. Hinweise zur Bau- und Kunstgeschichte werden am Anfang jeweils nur kurz gegeben. Entscheidend ist der spirituelle Gehalt einer Kirche – nicht zuletzt im Hinblick auf den Glauben der Menschen des 21. Jahrhunderts.

Für die Anordnung der Kirchen waren geistliche und historische Kriterien leitend. So werden zunächst die sieben Pilgerkirchen behandelt, und zwar in der Reihenfolge der 7-Kirchen-Wallfahrt. In einem zweiten Teil werden verschiedene Titelkirchen als Vorläufer der Gemeindekirchen aufgeführt. Sie gehören – zusammen mit den konstantinischen

3 Herbert Rosendorfer, Kirchenführer Rom, Berlin ³2005.

Patriarchalbasiliken – zu den ältesten Kirchenbauten Roms, die gerne von Pilgergruppen besucht werden, und stammen aus dem 4.–9. Jahrhundert.[4] Schließlich sollen auch noch andere bedeutende Kirchen geistlich erschlossen werden, wobei hier eine subjektive Auswahl vorgenommen wurde. Wegen des Umfangs haben wir uns auf 50 Kirchen beschränkt, wissend, dass es natürlich noch viele andere Kirchen in Rom gibt, die zum Gebet und zur Meditation einladen. Ein Stadtplan mit der Lage der einzelnen Kirchen soll dazu dienen, bei einem Rundgang verschiedene Kirchen miteinander zu kombinieren (konkrete Vorschläge zu Rundgängen werden aber auch gegeben). Außerdem erleichtert ein Glossar am Ende des Buches das Verständnis für manche kunstgeschichtlichen Fachbegriffe.

Wenn dieser Kirchenführer eine auf Pilgerreisen gerne zur Hand genommene Hilfe sein kann, um eine kurze Information zur Kirche, aber auch einen geistlichen Impuls für sich selbst oder eine Gruppe zu bekommen, wäre das Ziel dieses Buches erreicht.

Ich danke allen Freunden, die mich zu diesem spirituellen Führer inspiriert und mich bei der Abfassung mit Rat und Tat unterstützt haben. Insbesondere gilt mein Dank dem Kunstverlag Josef Fink für die gute Zusammenarbeit und Herrn Carlo Böttger für die beeindruckenden Aufnahmen sowie den Einsatz, den er dafür an den Tag gelegt hat.

Cornelius Roth

[4] Sehr hilfreich ist in dem Zusammenhang das Buch von Hans Georg Wehrens, Rom. Die christlichen Sakralbauten vom 4. bis zum 9. Jahrhundert. Ein Vademecum, Freiburg 2016.

I. DIE SIEBEN PILGERKIRCHEN (MIT NEBENKIRCHEN)

1 Santa Maria Maggiore

Piazza di S. Maria Maggiore

Unter den vier großen Patriarchalbasiliken ist die der Gottesmutter Maria geweihte Kirche unter den Römern wohl die beliebteste, nicht nur wegen der Marienikone *Salus Populi Romani* aus dem 8./9. Jahrhundert in der Cappella Paolina (vordere Seitenkapelle links). Ihre Gründungsgeschichte ist mit dem sogenannten „Schneewunder" verbunden, nach dem Papst Liberius (352–366) an dem Ort eine Kirche bauen sollte, an dem mitten in Rom auf dem Esquilin im August Schnee fällt (dieses „Schneewunder" ist in der Cappella Paolina oberhalb des Hauptaltars dargestellt). Die jetzige Kirche geht allerdings auf Papst Sixtus III. (432–440) zurück und ist bautheologisch mit dem Konzil von Ephesus (431) und der Lehre von Maria als Gottesgebärerin verbunden. Sie ist damit die älteste Marienkirche Roms (wenn auch nicht der Westkirche). Im Lauf der Geschichte wurde sie mehrere Male erweitert, ergänzt und verändert. So kam 1377 ein Campanile hinzu, die heutige barocke Gestalt erhielt die Kirche im 18. Jahrhundert.

In der Confessio des Hauptschiffs werden Reste der Krippe von Betlehem in einer Schatulle verehrt, davor selig betend Papst Pius IX. (1846–1878). Außerdem birgt die Kirche im Hauptschiff über den Säulen und im Triumphbogen sehr alte (wenn auch nicht die ältesten) Mosaike Roms aus dem 5. Jahrhundert mit Szenen aus dem Alten Testament (Hauptschiff) und dem Neuen Testament (Triumphbogen) sowie das Grab von Gian Lorenzo Bernini und ein wunderschönes Apsisfresko aus dem 13. Jahrhundert von Jacopo Torriti, das die Krönung Mariens und die Aufnahme der Seele Mariens durch Christus darstellt.

Santa Maria Maggiore ist so etwas wie die Weihnachtskirche Roms, da das Geheimnis der Geburt Jesu und der Gottesmutterschaft Mariens hier besonders im Zentrum stehen. Die Krippe in der Krypta und die Marienikone *Salus Populi Romani* sind auch die besten Orte für ein Gebet.

An der Krippe

Lesung aus Lk 2,4–7: „So zog auch Josef von der Stadt Nazaret in Galiläa hinauf nach Judäa in die Stadt Davids, die Betlehem heißt; denn er war aus dem Haus und Geschlecht Davids. Er wollte sich eintragen lassen mit Maria, seiner Verlobten, die ein Kind erwartete. Es geschah, als sie dort waren, da erfüllten sich die Tage, dass sie gebären sollte, und sie gebar einen Sohn, den Erstgeborenen. Sie wickelte ihn in Windeln und legte ihn in eine Krippe, weil in der Herberge kein Platz für sie war."

Santa Maria Maggiore – Confessio

Gotteslob 256, 1: „Ich steh an deiner Krippe hier, o Jesu, du mein Leben. Ich komme, bring und schenke dir, was du mir hast gegeben. Nimm hin, es ist mein Geist und Sinn. Herz, Seel und Mut, nimm alles hin und lass dir's wohl gefallen."

Herr Jesus Christus, hier in der ältesten Marienkirche Roms verehren wir der Überlieferung nach die Reste der Krippe, in die du nach deiner Geburt gelegt wurdest. Damit sind wir dem Ort deiner Geburt in Betlehem ganz nahe. Wir bitten dich: Werde auch in uns geboren, damit wir dich in die Welt tragen können. Lass uns zu Boten deiner Liebe werden, die sich in dem kleinen Kind in der Krippe gezeigt hat. Wir bitten dich auch für alle neugeborenen Kinder, besonders für die, welche in Krieg und Finsternis hineingeboren werden. Gib ihnen Menschen an die Seite, die sie begleiten und ihnen Hoffnung vermitteln.

An der Marienikone Salus Populi Romani

Barmherziger Gott, durch die Geburt deines Sohnes aus der Jungfrau Maria hast du der Menschheit das ewige Heil geschenkt. Lass uns immer und überall die Fürbitte der gnadenvollen Mutter erfahren, die uns den Urheber des Lebens geboren hat: Jesus Christus, deinen Sohn, unseren Herrn und Gott, der in der Einheit des Heiligen Geistes mit dir lebt und herrscht in alle Ewigkeit.
(Tagesgebet vom Oktavtag von Weihnachten / Hochfest der Gottesmutter Maria)

Maria, du bist unsere Fürsprecherin bei Gott. Hier am Gnadenbild, zu dem das römische Volk eine besondere Beziehung hat, bitten wir dich für die Menschen in Rom, die deine Hilfe brauchen: Arme und Reiche, Kinder und Alte, Frauen und Männer, Kranke, Obdachlose (von denen es in Rom so viele gibt) und Verzweifelte. Du bist ihr Trost, denn du hast Not und Leiden ge-

kannt. Schaue gnädig auf die Menschen in Rom und auch auf uns, die wir manchmal in eigenen Nöten unsere Zuflucht zu dir nehmen. Du bist uns ein Vorbild im Glauben, in der Hoffnung und in der Liebe. Niemand hat so auf Gott vertraut wie du. Lass uns dein Beispiel immer vor Augen haben, wenn wir deinem Sohn folgen. Darum bitten wir durch Christus, unseren Herrn..

Santa Maria Maggiore – Marienikone

2 San Lorenzo fuori le Mura

Piazza del Verano

Dieser Ort direkt neben dem *Campo Verano* – heute Friedhof, in antiker Zeit eine Katakombe – beherbergte schon früh die Gebeine des Archidiakons Laurentius, der infolge der Christenverfolgung unter Kaiser Valerianus 258 als Märtyrer starb. Im 4. Jahrhundert wurde eine konstantinische Umgangsbasilika gebaut (von der heute nichts mehr erhalten ist), an deren Seite Papst Pelagius II. (579–590) um 580 eine kleinere Laurentiuskirche mit dem Laurentiusgrab errichtete. Später erweiterte Papst Honorius III. (1216–1227) diesen Bau Richtung Westen und der Pelagiusbau wurde angehoben, sodass dieser heute den Chorraum von San Lorenzo fuori le Mura mit dem Hauptaltar im Osten bildet. In der Confessio werden bis heute die Reliquien der heiligen Laurentius und Stephanus verehrt, die als Diakone zugleich die beiden Stadtpatrone Roms sind. Rechts daneben liegen die sterblichen Überreste des hl. Tarcisius, des Schutzpatrons der Messdiener, die von der Callistuskatakombe, seinem ursprünglichen Grab, später hierhergebracht wurden. Die Kirche wurde durch einen alliierten Bombenangriff 1943 schwer beschädigt und in den 1950er Jahren wiederaufgebaut.

In San Lorenzo bieten sich geistliche Impulse zum Diakonat, aber auch zum Ministrantendienst an. Man versammelt sich an den Gräbern in der Krypta oder im Kirchenschiff vor dem Abstieg zur Confessio.

Am Grab der heiligen Laurentius und Stephanus

Am Grab der heiligen Laurentius und Stephanus gedenken wir aller Diakone, die in der Kirche Dienst tun. Wir beten sowohl für die ständigen Diakone, die haupt- oder nebenberuflich wichtige karitative und katechetische Aufgaben in der Gemeinde übernehmen und damit ein Zeugnis der Nächsten-

IN HONOREM
LAVRENTII MARTYRIS
EREXIT
PIVS IX PONT MAX
PONTIFICATVS A XIX

liebe geben, aber auch für die Diakone, die auf dem Weg zum Priesterberuf sind. Wir bitten dich, barmherziger Gott: Erfülle alle Diakone mit dem Geist, den der hl. Laurentius besaß, der an dieser Stelle in Rom für die Armenfürsorge verantwortlich war und die Armen als den eigentlichen Schatz der Kirche bezeichnete. Schenke ihnen den Mut des hl. Stephanus, der durch Wort und Tat von seinem Glauben Zeuge des Glaubens war und sterbend für seine Verfolger gebetet hat. Lass alle Diakone in ihrem Dienst immer wieder gestärkt sein durch das Beispiel dieser Heiligen, die durch ihr Leben Zeugnis abgelegt haben. Darum bitten wir durch Christus, unseren Herrn.

Am Grab des heiligen Tarcisius

Weltweit gibt es viele Mädchen und Jungen, die als Messdienerinnen und Messdiener treu ihren Dienst tun. Hier verehren wir die sterblichen Überreste des Schutzheiligen der Messdiener. Tarcisius war ein junger Mann, der Priestern beim Gottesdienst half und Kranken die Kommunion brachte. Auf einem dieser Wege ist er von Leuten, denen er nicht zeigen wollte, was er unter seinem Gewand trug, erschlagen worden. Wir wollen hier für alle Ministranten beten: Herr, unser Gott, schenke ihnen Freude an ihrem Dienst am Altar, Gemeinschaft mit dir und untereinander und die Kraft, auch außerhalb des Gottesdienstes für den eigenen Glauben einzustehen. Darum bitten wir durch Christus, unseren Herrn.

3 Santa Croce in Gerusalemme

Piazza di S. Croce in Gerusalemme, 55

Ist Santa Maria Maggiore das Betlehem und die Weihnachtskirche Roms, so repräsentiert Santa Croce in Gerusalemme Jerusalem und den Karfreitag. Tatsächlich wurde der erste Kirchenraum an dieser Stelle, der in den kaiserlichen Palast eingebaut wurde, *S. Hierusalem* genannt, worin deutlich wird, welche Bedeutung Kaiser Konstantin der Kreuzreliquie und den anderen Verehrungsgegenständen aus Jerusalem, die seine Mutter Helena nach Rom gebracht hatte, zumaß. Unter Papst Lucius II. (1144–1145) wurde die Kirche in eine dreischiffige Basilika umgebaut und die Kreuzreliquie in den Triumphbogen eingemauert, dort aber vergessen und erst 1492 bei Restaurierungsarbeiten wiederentdeckt. Das heutige Erscheinungsbild geht auf die barocke Umgestaltung im 18. Jahrhundert zurück.

Santa Croce in Gerusalemme

Man geht heute über das linke Seitenschiff zu der 1952 fertiggestellten Kreuzkapelle einige Stufen hoch, wo folgende Passionsreliquien verehrt werden: drei Stücke des Kreuzesholzes, die Hälfte der Kreuzestafel (vgl. Mk 15,26) mit der von rechts nach links zu lesenden Aufschrift, ein Nagel vom Kreuz Jesu, zwei Dornen von der Dornenkrone, Teile vom Heiligen Grab in Jerusalem und Teile der Geißelsäule.

Im Zentrum der Betrachtung stehen in Santa Croce das Kreuz und die Kreuzestafel sowie allgemein das Leiden Jesu.

Gebet

Allmächtiger Gott, deinem Willen gehorsam hat dein geliebter Sohn den Tod am Kreuz auf sich genommen, um alle Menschen zu erlösen. Gib, dass wir in der Torheit des Kreuzes deine Macht und Weisheit erkennen und in Ewigkeit teilhaben an der Frucht der Erlösung. Durch ihn, Christus, unseren Herrn. (Tagesgebet vom Fest Kreuzerhöhung)

Kreuzhymnus (Venantius Fortunatus, um 600, Stundenbuch)

Heilig Kreuz, du Baum der Treue,
edler Baum, dem keiner gleich,
keiner so an Laub und Blüte,
keiner so an Früchten reich:
süßes Holz, o süße Nägel,
welche süße Last an euch.

Beuge, hoher Baum, die Zweige,
werde weich an Stamm und Ast,
denn dein hartes Holz muss tragen
eine königliche Last,
gib den Gliedern deines Schöpfers
an dem Stamme linde Rast.

Du allein warst wert, zu tragen
aller Sünden Lösegeld,
du, die Planke, die uns rettet
aus dem Schiffbruch dieser Welt.
Du, gesalbt vom Blut des Lammes,
Pfosten, der den Tod abhält.

Lob und Ruhm sei ohne Ende
Gott, dem höchsten Herrn, geweiht.
Preis dem Vater und dem Sohne
und dem Geist der Heiligkeit.
Einen Gott in drei Personen
lobe alle Welt und Zeit. Amen.

Santa Croce in Gerusalemme – Kreuzestafel

Meditation / Gebet

Wir stehen hier an den Resten des Kreuzes Jesu und betrachten die Gegenstände, die mit dem Leiden Jesu verbunden sind. Sie erinnern uns daran, dass wir als Christen einen Gott verehren, der selbst gelitten hat, der seine Macht in der Ohnmacht gezeigt hat und damit eine Hoffnung sein kann für alle leidenden Menschen dieser Welt. Es gibt viel Leid in der Welt – viele Kriege, Krankheiten, Ungerechtigkeiten! Wir fragen häufig, warum Gott das alles zulässt. Mit Blick auf das Kreuz und auf die Passionsgegenstände an diesem Ort werden unsere Fragen vielleicht nicht beantwortet, aber wir beginnen zu verstehen. Gott selbst hat gelitten und ging für uns in den grausamsten Tod, den man sich vorstellen kann. Er leidet auch heute noch – mit allen Menschen ohne Hoffnung, ohne Zukunft, im Angesicht des Todes. Das erklärt nicht das Leid, aber es hilft, es im Glauben besser zu bestehen.

Wir bitten dich, Herr Jesus Christus: Gib uns die Kraft, im Angesicht deines Kreuzes und Todesleidens die Hoffnung nicht aufzugeben, sondern immer allen weiterzusagen, dass du auch in den dunkelsten Stunden bei uns bist. Es gibt niemanden, der so von Gott verlassen war wie du, als du am Kreuz deine Verzweiflung hinausgeschrien hast. Schenk uns immer neu das Bewusstsein, dass du mitgehst – auch in die Krankheit, den Schmerz und den Tod hinein –, und lass uns immer mit dir verbunden bleiben, der du lebst und herrschst in Ewigkeit.

4 San Giovanni in Laterano (Lateranbasilika)

Piazza di Porta San Giovanni

Die ursprünglich dem Erlöser, seit dem 9. Jahrhundert aber Johannes dem Täufer und Johannes dem Evangelisten geweihte Lateranbasilika ist der erste offizielle Monumentalbau, der von Kaiser Konstantin nach dem Toleranzedikt von Mailand (313) in Auftrag gegeben wurde. Der Name „Lateran" kommt von dem altrömischen Geschlecht der *Laterani*, welche die ursprünglichen Eigentümer des Grundstücks waren. So entstand an diesem Ort zwischen 315 und 318 eine konstantinische fünfschiffige Säulenbasilika, die bis zum 15. Jahrhundert die offizielle Hauptkirche Roms und Sitz der Päpste war. Noch heute trägt sie den Titel *Omnium Urbis Et Orbis Ecclesiarum Mater Et Caput* (Mutter und Haupt aller Kirchen der Stadt [Rom] und des Erdkreises), der an der barocken Fassade von Alessandro Galilei (1735) zu lesen ist. Im 17. Jahrhundert wurde die Basilika durch *Francesco Borromini* barockisiert. Papst Leo XIII. ließ zwischen 1884 und 1886 die alte, baufällig gewordene Apsis abreißen und durch ein neues verlängertes Chorhaupt ersetzen.

Das Innere enthält einige Orte, die zum Innehalten einladen. Da ist in der Nähe des Eingangs das Fresko der Ausrufung des ersten Heiligen Jahres vom Balkon der Laterankirche, das Giotto zugeschrieben wird. Da sind die monumentalen Apostelstatuen in den von Borromini entworfenen Nischen. Da ist das Ciborium über dem Hauptaltar, wo in zwei Büsten die Häupter der Apostel Petrus und Paulus verehrt werden. In der Confessio selbst liegt Papst Martin V., der nach dem Konzil von Konstanz (1414–1418) wieder nach Rom zurückkehrte und damit das große abendländische Schisma beendete. Da ist das Apsismosaik von Jacopo Torriti aus dem 13. Jahrhundert mit dem Gemmenkreuz und den vier Paradiesströmen, und schließlich der wunderschöne Kreuzgang aus dem 13. Jahrhundert, der von der Künstlerfamilie Vassalletto im Stil der Cosmatenarbeiten geschaffen wurde.

San Giovanni in Laterano

RISTO·SALVATORI
HON·SS·IOAN·BAPT·ET·EVANG

Zentrales geistliches Thema ist in der Lateranbasilika die Kirche, die stets der Erneuerung bedürftig ist und doch die Verheißung des Erlösers durch die Zeiten mittragen darf: „Ich bin bei euch alle Tage bis zum Ende der Welt“ (Mt 28,20).

Gebet

Erhabener Gott, du erbaust dir aus lebendigen und erlesenen Steinen ein ewiges Haus. Mache die Kirche reich an Früchten des Geistes, den du ihr geschenkt hast, und lass alle Gläubigen in der Gnade wachsen, bis das Volk, das dir gehört, im himmlischen Jerusalem vollendet wird. Darum bitten wir durch Jesus Christus, unseren Herrn. (Tagesgebet von Kirchweihe – außerhalb der Kirche, deren Weihefest begangen wird)

San Giovanni in Laterano – Apsismosaik

Meditation

In (oder auch vor) dem Gotteshaus, das sich „Mutter und Haupt aller Kirchen" nennt, wollen wir bedenken, was Kirche für uns bedeutet. Wir haben uns einerseits ihr zu verdanken. Ohne die „Mutter Kirche" hätten wir unseren Glauben nie empfangen und könnten ihn heute nicht in Gemeinschaft leben. Ohne die „Mutter Kirche" gäbe es keine Heiligen und Zeugen des Evangeliums, die uns Beispiel und Vorbild sind und durch ihr Leben immer wieder zum eigenen christlichen Zeugnis in der Welt ermutigen. Ohne die „Mutter Kirche" gäbe es keine Sakramente, aus denen wir leben und die uns ein Leben lang begleiten.

Wir haben aber auch Fragen an die Kirche: Was meint es, dass die Kirche immer sündig und der Erneuerung bedürftig ist? Wie geht sie mit der Schuld um, die sie im Lauf der Jahrhunderte auf sich geladen hat? Wo muss sie sich erneuern und die Entwicklungen in der Gesellschaft besser berücksichtigen? Wo muss sie im Gegenteil festhalten an der Lehre der Apostel, die das Fundament unseres Glaubens ist und nicht bestimmten Zeitmoden geopfert werden darf? Wo sollte sie mehr Mut haben, Zeugin des Evangeliums gegen bestimmte vorherrschende Meinungen in der Gesellschaft zu sein?

Wir wollen beten mit den Worten eines chinesischen Christen (vgl. Gotteslob 22,3):

„Herr, erwecke deine Kirche und fange bei mir an.
Herr, baue deine Gemeinde und fange bei mir an.
Herr, lass Frieden und Gotterkenntnis überall auf Erden kommen und fange bei mir an.
Herr, bringe deine Liebe und Wahrheit zu allen Menschen und fange bei mir an."

5 San Giovanni in Fonte (Lateran-Baptisterium)

Piazza San Giovanni in Laterano

Direkt neben der Lateranbasilika liegt die erste Taufkirche der lateinischen Christenheit, die ebenfalls auf Veranlassung von Kaiser Konstantin errichtet, später aber unter den Päpsten Sixtus III. (432–440) und Hilarius (461–468) umgebaut wurde. Zu dem achteckigen Bau, der maßgeblich für viele andere Taufkirchen des Westens wurde (Ravenna, Florenz, Aachen), gehören als Anbauten auch noch zwei Kapellen, die Johannes dem Evangelisten und Johannes dem Täufer geweiht sind, eine Vorhalle und das *Oratorio San Veneziano* mit einem gut erhaltenen Mosaik aus der Zeit um 645, das eine sogenannte *Theophanie* darstellt, eine Gotteserscheinung mit dem segnenden Christus in der Mitte (umgeben von zwei Engeln), einer Maria in Orantenhaltung (mit ausgebreiteten Hän-

San Giovanni in Fonte (Lateran-Baptisterium)

den) sowie Heiligen und Stiftern. Alle diese Kunstwerke stammen aus dem 5.–7. Jahrhundert. Die heutige Innenausstattung entstammt aber zum großen Teil aus dem Barock.

Das zentrale Taufbecken in der Mitte des eigentlichen Baptisteriums ist von acht Marmorsäulen umgeben und hat einen Durchmesser von 8,50 m. Mit der Zahl Acht wird symbolisch das neue Leben in Christus dargestellt, insofern die Taufe als Neugeburt betrachtet wird, als erster Tag der neuen Schöpfung (nach den sieben Tagen der ersten Schöpfung). Man befindet sich hier am Ursprung der Taufpraxis der Christenheit, sodass die Taufe und das Christwerden die entscheidenden Punkte der Betrachtung sind. Man kann zum Gebet direkt an das Taufbecken treten.

Gebet

Gott, unser Vater, du hast deinen Sohn Jesus Christus gesandt, um alle Menschen als dein Volk zu sammeln. Öffne allen Suchenden, die darum bitten, die Tür in die heilige Kirche, in die wir durch Glaube und Taufe eingetreten sind. Stärke uns mit deinem Wort, damit wir dank deiner Gnade den Weg zu dir finden durch Jesus Christus, unseren Herrn. (Gebet zur Eröffnung bei der Feier der Taufe)

Meditation

An diesem Ort, der durch die Taufe vieler Menschen geweiht ist und an dem die Kirche zum ersten Mal einen Platz für die Aufnahme ihrer Glieder geschaffen hat, wollen wir an unsere eigene Taufe denken. Es ist weniger die Frage, ob ich mich noch an sie erinnern kann, vielmehr, was ich heute mit ihr verbinde. Wir leben alle aus unserer Taufberufung, und es wird in Zukunft immer wichtiger werden, sich dies bewusst zu machen. Denn die Kirche ist aus lebendigen Steinen erbaut, und diese Steine sind wir. Unabhängig von den verschiedenen Diensten und Ämtern in der Kirche sollten wir alle auf

San Giovanni in Fonte – Taufbecken

die gemeinsame Berufung schauen und sie achten. Laien und Amtsträger, Frauen und Männer, Kinder und Erwachsene, am Rand der Gesellschaft Lebende und Menschen, die mitten im Leben und in der Gesellschaft stehen – alle haben letztlich als Christen denselben Auftrag, der aus ihrer Taufe und Firmung stammt: das Evangelium Jesu Christi in die heutige Zeit hinein zu verkünden und so das Angesicht der Erde zu erneuern.

Lied (Gotteslob 837 – Diözesananhang Fulda)

1. Fest soll mein Taufbund immer stehn, ich will die Kirche hören. Ich will den Weg des Glaubens gehen und folgen Gottes Lehren. Dank sei dem Herrn, der mich aus Gnad, in seine Kirch berufen hat; ihm will ich allzeit leben.

2. Dein Tod am Kreuz, Herr Jesu Christ, ist für uns ewges Leben, vom Grab du auferstanden bist, hast uns die Schuld vergeben. Dein Volk, o Herr, dich lobt und preist; denn aus dem Wasser und dem Geist wurden wir neu geboren.

„Fest soll mein Taufbund immer stehen"
Text: Karl Günter Peusquens

6 Cappella Sancta Sanctorum und Scala Santa

Piazza di Porta San Giovanni, 14

Ebenfalls in unmittelbarer Nähe zur Lateranbasilika befinden sich die Reste von drei Bauten, die ursprünglich zum Lateranpalast der Päpste gehörten: der ehemalige Speisesaal (*Triclinium*), die ehemalige päpstliche Privatkapelle (*Sancta Sanctorum*) und die Heilige Treppe (*Scala Santa*), die der Überlieferung nach Kaiserin Helena aus dem Palast des Pontius Pilatus in Jerusalem mitgebracht hat und auf der Jesus bei seiner Verurteilung gestanden haben soll. Vom ehemaligen Speisesaal ist heute nur noch an der Südseite der Heiligen Treppe von der Straße aus die Apsis mit einem rekonstruierten Mosaik zu erkennen (ursprünglich von 799). Auf diesem ist in der Mitte Christus zu sehen, der die zwölf Apostel aussendet. An der linken Apsiswand thront Christus, vor ihm knien Petrus und Kaiser Konstantin, auf der rechten Seite sitzt Petrus, der den vor ihm knienden Papst Leo III. das Pallium und Karl dem Großen das Banner der Stadt Rom überreicht. Beide haben viereckige Heiligenscheine, ein Zeichen, dass sie bei der Entstehung des Mosaiks noch gelebt haben.

In der ehemaligen päpstlichen Hauskapelle *Sancta Sanctorum* ist neben anderen Reliquien vor allem die aus dem 6.–7. Jahrhundert stammende Erlöserikone zu nennen, die als sogenannte *Acheiropoieton*, eine nicht von Menschenhand gemachte Ikone, verehrt wurde. Über dem Architrav ist die Inschrift zu lesen: *„Non est in toto sanctior orbe locus"* („Es gibt keinen heiligeren Ort auf der Erde"). Die Heilige Treppe, die zu der Kapelle führt, war früher die Zugangstreppe zum Lateranpalast und wurde unter Papst Sixtus V. (1585–1590) von Domenico Fontana in ein neues Gebäude überführt.

Das Antlitz Jesu in der *Sancta Sanctorum* und das Mitgehen des Kreuzweges Jesu (die Heilige Treppe soll nur auf Knien erstiegen werden) stehen hier im Mittelpunkt des Gebetes.

Vor der Heiligen Treppe

„Es war Rüsttag des Paschafestes, ungefähr die sechste Stunde. Pilatus sagte zu den Juden: Seht, euer König! Sie aber schrien: Hinweg, hinweg, kreuzige ihn! Pilatus sagte zu ihnen: Euren König soll ich kreuzigen? Die Hohepriester antworteten: Wir haben keinen König außer dem Kaiser. Da lieferte er ihnen Jesus aus, damit er gekreuzigt würde." (Joh 19,14–16)

An dem Ort, an dem viele Gläubige die Verurteilung Jesu durch Pontius Pilatus betrachten und den Weg seines Leidens mitvollziehen, beten wir für alle ungerecht Verurteilten. Jesus, der sich nicht gewehrt hat, weil er seinen Weg zum Vater gehen musste, sei ihnen Kraft und Trost, damit sie in ihrer Situation die Hoffnung nicht aufgeben. Wir aber mögen uns bemühen, gegen die Ungerechtigkeiten in dieser Welt die Stimme zu erheben und den Menschen unsere Solidarität zu zeigen, die heute wegen ihres Glaubens verfolgt, verspottet und verurteilt werden. Darum bitten wir durch Christus, unseren Herrn.

Vor der Kapelle „Sancta Sanctorum"

„Es gibt keinen heiligeren Ort auf der Erde." Das war die Überzeugung der Menschen, die diese Kapelle gebaut haben. Wir verehren hier eine Ikone mit dem Antlitz Jesu Christi, die nicht von Menschenhand gemalt sein soll. Jesus blickt uns direkt an. Er hat große, warme Augen. Sein Blick heilt. Es ist ein Blick der Liebe und Barmherzigkeit. Anbetung bedeutet im Grunde nichts anderes: Gott schaut uns an, und wir schauen ihn an. Herr, lass uns durch deinen Blick Heilung finden, durchdringe uns mit deiner Liebe und mache uns eins mit dir. Darum bitten wir durch Christus, unseren Herrn.

Kapelle Sancta Sanctorum – Bildnis Jesu

7 San Sebastiano fuori le Mura

Via Appia Antica, 136

Diese Kirche, die aufgrund ihrer Lage auch *San Sebastiano ad Catacumbas* heißt, ist Teil eines Komplexes an der Via Appia, zu dem die Sebastianskatakombe, einige frühchristliche Mausoleen sowie ein von Papst Sixtus III. (432–440) gegründetes Kloster gehören. Seine spirituelle Bedeutung hat dieser Ort, weil dort der Überlieferung nach die Apostel Petrus und Paulus gewohnt haben sollen und ihre Leiber während der Verfolgungszeit hierhergebracht wurden. Die sogenannte *Memoria Apostolorum* – kein Grabmal, sondern eine Gedenkstätte – ist noch heute in die Kirche integriert. Erst als die Leiber und damit die Verehrung der beiden Apostelfürsten an den Vatikan (Petrus) bzw. an die Straße nach Ostia (Paulus) verlegt wurden, wurde die Kirche dem Märtyrer Sebastian geweiht, dessen Grab sich in der unter der Kirche liegenden Katakombe befindet. Aus der ursprünglichen *Basilica Apostolorum* aus dem 4. Jahrhundert wurde so die Kirche *San Sebastiano ad Catacumbas* (die Bezeichnung „Katakombe" ist ursprünglich eine Flurbezeichnung und bedeutet nichts anderes als „bei den Mulden" = *kata kumbas*). Ihre heutige barocke Gestalt bekam sie im 17. Jahrhundert.

Die geistliche Bedeutung erhält San Sebastiano zum einen aus dem Glaubenszeugnis der Apostel Petrus und Paulus und des hl. Sebastian und zum anderen aus dem Zeugnis der frühchristlichen Gräber in der Sebastianskatakombe und in den angrenzenden Mausoleen mit einigen interessanten biblischen Szenen (Jesuskind in der Krippe, der Gute Hirte, Madonna in Orantenhaltung), die zu den ältesten christlichen Graffitis gehören, die wir kennen.

SCIPIO·CARD·BVRGHESIVS·S·R·E·MAIOR·POENITENTIARIVS·AN·DOM·MDCXII

Gebet

Herr, unser Gott, wir schauen auf das Beispiel der Standhaftigkeit, das der heilige Märtyrer Sebastian durch sein mutiges Bekenntnis gegeben hat. Schenke auch uns den Geist der Stärke, damit wir dir mehr gehorchen als den Menschen. Durch Christus, unseren Herrn. (Tagesgebet vom Gedenktag des hl. Sebastian)

Meditation

Herr, unser Gott. Wir sind hier an einem Ort, an dem die Apostel Petrus und Paulus besonders verehrt wurden, weil sie hier gewohnt haben sollen. Viele Christen haben hier deshalb in der Zeit der Christenverfolgungen ihre letzte Ruhestätte gefunden. Ihre Grabstätten zeugen von einem tiefen Glauben und einer großen Hoffnung, die begründet ist in der Auferstehung Jesu. Aber auch das Zeugnis der Apostel, auf deren Fundament die frühe Kirche gebaut ist, war für sie Trost und Stärke.

Gib uns einen Glauben, der auch in Verfolgungszeiten standhält und sich ein Beispiel nehmen kann an den frühchristlichen Märtyrern. Auch heute noch werden Christen und Menschen anderer Religionen aufgrund ihres Glaubens verfolgt und gehen dafür in den Tod. Viele von ihnen finden nicht einmal ein Grab. Auch wenn unser Zeugnis nicht so radikal sein muss, bitten wir um Stärke und Mut in unseren Zeiten, damit wir wie Lichter in der Welt leuchten und den Menschen etwas von der Liebe Christi mitteilen können, die über den Tod hinausgeht. Darum bitten wir durch Christus, unseren Herrn.

San Sebastiano fuori le Mura – Decke

8 San Paolo fuori le Mura

Via Ostiense, 186–190 (Haupteingang: Piazzale di S. Paolo)

Der Überlieferung nach ist der Apostel Paulus in Rom an den *Aquae Salviae* (Wasser der Salvier) bei der heutigen Abtei *Tre Fontane* zu Tode gekommen. Dieser an der *Via Laurentina* gelegene Martyriumsort ließ sich aber weder archäologisch noch schriftlich nachweisen. Bezeugt ist hingegen die antike Nekropole an der *Via Ostiense*, zu der Lucina, eine vornehme Christin, den Leib des Apostels Paulus bringen und ihn auf ihrer eigenen Parzelle begraben ließ. Dies ist der Ursprung der sogenannten *cella memoriae* mit dem Grab des Apostels, über der Kaiser Konstantin 324 eine erste kleine Memorialbasilika (mit einer nach Westen ausgerichteten Apsis) errichten ließ. Nachdem das Christentum Ende des 4. Jahrhunderts Staatsreligion geworden war, wurde ab 386 eine neue

San Paolo fuori le Mura

große, fünfschiffige Basilika unter den drei regierenden Kaisern Valentinian II., Theodosius und Arcadius errichtet, weswegen man diesen Monumentalbau (der noch größer als Alt-St. Peter war) auch „Drei-Kaiser-Basilika" nannte. Unter Papst Leo I. (440–461) musste die Basilika zum ersten Mal nach einem Brand restauriert werden. In dieser Zeit entstanden auch die heute noch zu sehenden Mosaike auf dem Triumphbogen, die nach dem Brand von 1823 allerdings teilweise ergänzt werden mussten. Im Lauf der Zeit kamen wertvolle Ausstattungsstücke wie das *Ciborium* von Arnolfo di Cambio (1285), der Osterleuchter – mit 5,60 Metern Höhe der größte in Rom (um 1180) – und das Holzkruzifix in der Sakramentskapelle (um 1300) hinzu. Hervorzuheben – auch als Ort der Ruhe und Besinnung – ist besonders der Kreuzgang, der von den Benediktinern zwischen 1205 und 1240 errichtet wurde.

Ein verheerender Brand im Jahr 1823 zerstörte die Basilika bis auf die Grundmauern, sodass man heute einen Bau vor Augen hat, der nach dem Wiederaufbau erst 1854 vollendet wurde, allerdings einige der alten Ausstattungsstücke behalten konnte. Das Grab des Apostels Paulus in der *Confessio* ist das geistliche Zentrum der Basilika, weitere Orte des Gebets und der Einkehr können im Kreuzgang und vor dem Holzkruzifix in der Sakramentskapelle sein, vor dem die hl. Birgitta 1370 betete und der hl. Ignatius von Loyola 1541 mit seinen fünf Gefährten seine feierlichen Gelübde ablegte und damit den Jesuitenorden gründete.

Am Grab des Apostels Paulus

Gott, du Heil aller Völker, du hast den Apostel Paulus auserwählt, den Heiden die Frohe Botschaft zu verkünden. Gib uns, die wir sein Gedächtnis begehen, die Gnade, uns deinem Anruf zu stellen und vor der Welt deine Wahrheit zu bezeugen. Durch Christus, unseren Herrn. (Oration vom Fest der Bekehrung des Apostels Paulus)

Kurzlesung

„Ich danke dem, der mir Kraft gegeben hat: Christus Jesus, unserem Herrn. Er hat mich für treu gehalten und in seinen Dienst genommen, obwohl ich früher ein Lästerer, Verfolger und Frevler war. Aber ich habe Erbarmen gefunden, denn ich wusste in meinem Unglauben nicht, was ich tat."
(1 Tim 1,12–13)

Meditation

Am Grab des Apostels Paulus denken wir an die große Glaubenskraft dieses Völkerapostels, die ihn zum ersten christlichen Missionar machte. Er wollte das Evangelium in die Welt tragen und machte keinen Unterschied zwischen Juden und Heiden. Er fühlte sich zu allen Menschen gesandt, weil er innerlich so von Jesus Christus ergriffen war, dass nicht mehr er lebte, sondern Christus in ihm. Die innige Beziehung zu Christus ließ ihn viele schwere Zeiten überstehen, und sie atmet aus allen seinen Briefen. Mut und Klarheit bestimmen sein Zeugnis, aber auch Offenheit und die Bereitschaft, neue Wege zu gehen.

So bitten wir dich, allmächtiger Gott: Sende uns deinen Geist, damit wir wie Paulus zu mutigen Zeugen deines Evangeliums werden und für die Sache Jesu eintreten. Papst Franziskus hat gesagt, dass das Missionarische zum Wesen jedes Christen gehört. Lass uns Missionare des 21. Jahrhunderts sein, die durch ihre Offenheit für andere Menschen, ihre Bereitschaft zum Aufbruch und durch ihre schlichte Gegenwart dort, wo Not und Elend herrschen, neue Hoffnung schenken können. Gib uns selbst den Mut, das Evangelium dort zu verkünden, wo es nicht gern gehört oder sogar abgelehnt wird. Darum bitten wir durch Christus, unseren Herrn.

San Paolo fuori le Mura – Grab des Paulus

Am Holzkruzifix in der Sakramentskapelle

Herr Jesus Christus, vor diesem Kreuz haben große Heilige wie Birgitta und Ignatius von Loyola gebetet. Sie haben sich berühren lassen von deinem Leid. Sie haben sich aber auch die Kraft geholt, um ihr Werk in die Tat umzusetzen. Um beides bitten wir dich: Berühre uns im Innern mit deinem Kreuz, das ein Ausdruck der Liebe und der Sympathie für alle Menschen ist. Im Blick auf dein Kreuz wollen wir sensibel sein für das vielfältige Leid der Menschen von heute. Gib uns selbst die Kraft, unseren Aufgaben in der Welt gerecht zu werden und uns auch von Rückschlägen nicht entmutigen zu lassen, der du lebst und herrschst in Ewigkeit.

Im Kreuzgang

Es ist einer der schönsten Orte in Rom, an dem wir hier sind. Die künstlerische Eleganz der Säulen und die Schönheit des Gartens, ja, die gesamte Anlage des Kreuzgangs öffnet uns das Herz für die Kunst und lässt uns staunend zurück angesichts der Menschen, die schon vor 800 Jahren fähig waren, solches zu schaffen. Im Kreuzgang wurde gebetet und gesungen. Meist waren es Prozessionen, die hier ihren Anfang nahmen und dann in die Kirche führten, das Haus Gottes. So sollen uns die Ruhe und Schönheit dieses Kreuzgangs nicht nur zur Erbauung dienen, sondern hinführen zu Gott, mit dem wir auch durch den Glauben unserer Vorfahren und durch die Zeugnisse, die sie hinterlassen haben, verbunden sind.

San Paolo fuori le Mura – Kreuzgang

9 San Pietro in Vaticano (Petersdom)

Piazza di San Pietro

Ursprung dieses heiligen Ortes ist der Circus des Nero, in dem Petrus einer gesicherten Überlieferung nach zwischen 64 und 67 den Märtyrertod gefunden hat. Ebenso archäologisch bezeugt wie der Circus des Nero ist die Nekropole aus dem 1. Jahrhundert direkt daneben. In einem kleinen Feld, in dem nur einfache Bodenbestattungen vorgenommen wurden, war ein Grab besonders auffällig, weil um dieses herum viele andere Gräber ausgerichtet waren. Diese Stelle, um die herum im 2. Jahrhundert eine kleine Grabkammer gebaut wurde, ist der geistliche Ursprung der sogenannten *Petrusmemoria*, der Ort, an dem die frühe christliche Gemeinde das Grab des Apostels Petrus verehrte. Die Ausgrabungen können – nach Voranmeldung – heute besichtigt werden.

Über dieser Petrusmemoria baute Kaiser Konstantin zwischen 317 und 322 eine nach Westen ausgerichtete, fünfschiffige Basilika (Alt-St. Peter). Sie wurde am 18. November 333 eingeweiht und muss von der Innenausstattung her äußerst prachtvoll gewesen sein. Alte Zeichnungen zeigen einen Baldachin und ein Apsismosaik mit den Aposteln Petrus und Paulus. Reste dieser konstantinischen Basilika, die auch einen Vorhof hatte, sind heute noch in den Vatikanischen Grotten zu sehen.

Der barocke Neubau von St. Peter, an dem die größten Baumeister und Künstler der Zeit beteiligt waren (u. a. Michelangelo, Bramante, Raffael, Bernini) dauerte von 1505 bis 1626. Die heutige Peterskirche ist 211 Meter lang und damit der längste Kirchenbau der Welt (im Fußboden sind zum Vergleich die Längenmaße anderer großer Kirchen eingelassen). Geistlicher Mittelpunkt ist natürlich das Petrusgrab, das man sich hinter der in der Confessio zu sehenden Schatulle mit den Pallien vorstellen muss. Von der Fülle der Grabmonumente für die verschiedenen Päpste sind für das Gebet besonders das Grab von Johannes Paul II. und Johannes XXIII. (im rechten Seitenschiff vorne bzw. hinten) geeignet, aber auch die Pietà (ein Frühwerk von Michelangelo) und die Petrusstatue (von Arnolfo di Cambio). Darüber hinaus ist natürlich die Sakramentskapelle, in der den ganzen Tag über eucharistische Anbetung ist, für Beter reserviert.

An der Confessio (Grab des Apostels Petrus)
Herr, allmächtiger Gott, du hast dem heiligen Petrus die Schlüssel des Himmelreiches anvertraut und ihm die Gewalt gegeben, zu binden und zu lösen. Sein gläubiges Bekenntnis ist der Felsen, auf den du deine Kirche gegründet hast. Lass nicht zu, dass Verwirrung und Stürme unseren Glauben erschüttern. Darum bitten wir durch Jesus Christus, unseren Herrn. (Tagesgebet vom Fest Kathedra Petri)

An der Pietà
Maria hat ihren toten Sohn auf dem Schoß. Ihr junges Gesicht ist voller Trauer. Der Oberkörper ist zierlich – zu zierlich für den weiten Schoß. Aber in diesem Augenblick trägt sie das Leid der Welt in ihm. Bitten wir hier für alle Müt-

San Pietro in Vaticano – Pietà

San Pietro in Vaticano

PAVLVS V BVRGHESIVS ROMANVS PONT MAX AN MDCXII PONT VII

ter, die ihre Söhne beweinen, aus welchem Grund auch immer. Lass sie mit ihrem Leid umzugehen lernen und Menschen finden, die ihnen Trost spenden und sie begleiten. Beten wir aber auch für alle Menschen, die einen großen Verlust hinnehmen mussten, dass sie die Hoffnung nicht aufgeben und wieder neu aufbrechen können.

Am Grab von Johannes Paul II.

Gott, du bist reich an Erbarmen und hast den heiligen Papst Johannes Paul II. zur Leitung deiner ganzen Kirche bestellt; gib, dass wir, durch seine Lehre geführt, unsere Herzen vertrauensvoll öffnen für die heilbringende Gnade Christi, des einzigen Erlösers der Menschheit. Der mit dir lebt und herrscht in der Einheit des Heiligen Geistes, Gott, von Ewigkeit zu Ewigkeit. (Tagesgebet vom Gedenktag des hl. Johannes Paul II.)

Am Grab von Johannes XXIII.

Allmächtiger, ewiger Gott, im heiligen Papst Johannes hast du der Welt ein lebendiges Abbild Christi, des guten Hirten aufleuchten lassen. Gib uns auf seine Fürsprache die Kraft, dass wir den Reichtum christlicher Liebe mit Freude weiterschenken. Darum bitten wir durch Christus, unseren Herrn. (Tagesgebet vom Gedenktag des hl. Papstes Johannes XXIII.)

An der Petrusstatue

Petrus heißt „der Fels". Wie wichtig ist es in unseren Zeiten, einen Felsen zu haben, auf den man bauen und an dem man sich orientieren kann. Beten wir hier für unseren Papst, der als Nachfolger Petri die Kirche manchmal durch stürmische Zeiten führen muss. Beten wir darum, dass er die Zeichen der Zeit erkennen und die notwendigen Reformen anstoßen kann, aber auch den Blick für die Tradition der Kirche nicht vergisst. Lass uns selbst treu zum Papst stehen, denn aus der Verbindung mit ihm und der Kirche von Rom leben auch die Kirchen vor Ort. Darum bitten wir, durch Christus, unseren Herrn.

II. DIE TITELKIRCHEN DES 4.–9. JAHRHUNDERTS

10 Sant'Agata dei Goti

Via Mazzarino, 14–16

Die Ursprünge der Kirche gehen auf das 4. Jahrhundert zurück. Im 5. Jahrhundert hat sie Ricimer, weströmischer Konsul und selbst arianischer Christ, ausschmücken und zur Nationalkirche der Goten erklären lassen, weil Germanen und Goten in diesem Gebiet lebten. Die Kirche wurde so zum Zentrum der römischen Arianergemeinde. Erst Papst Gregor der Große hat sie 592 wieder dem katholischen Ritus zugeführt und ihr das Patrozinium der hl. Agatha gegeben. Sie behielt aber den Namen „dei Goti".

Sant'Agata dei Goti – Innenraum

Geistlich betrachtet kann hier auf der einen Seite die Ökumene im Sinn des Umgangs mit dem Glauben anderer christlicher Konfessionen und auf der anderen Seite die Gestalt der heiligen Agatha im Zentrum stehen.

Meditation / Gebet

Der arianische Glaube, der hier in früherer Zeit sein Zentrum in Rom hatte, betont vor allem die Menschlichkeit Jesu, indem er in der Dreifaltigkeit den Sohn dem Vater unterordnet und behauptet, Christus sei dem Vater nur wesensähnlich, nicht wesensgleich. Heute gibt es verschiedene Spielarten des Arianismus bei allen Christen, welche die menschliche Seite Jesu besonders betonen. Diese ist für viele Menschen von heute der Zugang zum Glauben. Gleichzeitig ist es wichtig, zu bekennen, dass uns in Christus der lebendige Sohn Gottes begegnet.

So beten wir: Herr Jesus Christus, du hast es zugelassen, dass die Christen sich in viele verschiedene Bekenntnisse zersplittert haben. Sende deinen Geist der Einheit, damit wir den Glauben des anderen als Reichtum begreifen und wir uns gegenseitig befruchten können, damit wir so wieder zu einer Kirche werden, die dich bekennt als unseren Herrn, der ganz Mensch und ganz Gott ist und lebst und herrschst in Ewigkeit.

Die hl. Agatha, auch Agatha von Catania, ist eine sizilianische Heilige, deren Leben nur legendarisch erhalten ist. Sie erlitt wahrscheinlich in der großen Christenverfolgung unter Kaiser Decius (249–251) den Martertod und ist eine der sieben Frauen, die im römischen Hochgebet ausdrücklich Erwähnung finden (was auf eine frühe Verehrung schließen lässt). Dargestellt wird sie meist mit einer Schale oder Schüssel, auf der ihre beiden Brüste zu sehen sind, weil ihr der Überlieferung nach beim Martyrium die Brüste abgeschnitten wurden. Jenseits solcher eher befremdlichen Details können ihr Mut und ihre Glaubensstärke uns ein Vorbild für heute sein.

Allmächtiger Gott, du hast die heilige Agatha zur Jungfräulichkeit um Christi willen berufen und ihr die Gnade des Martyriums geschenkt. Höre auf ihre Fürsprache und hilf uns, in aller Bedrängnis auszuharren und dir in Lauterkeit und Treue zu dienen. (Tagesgebet vom Gedenktag der hl. Agatha)

Sant'Agata dei Goti – Innenhof

11 Sant'Agnese fuori le Mura

Via Nomentana 349, Eingang in der Seitenstraße Via S. Agnese

Die Basilika Sant'Agnese fuori le Mura befindet sich circa 2 Kilometer vor der Aurelianischen Mauer (daher „außerhalb der Mauer") und gehört zu einem frühchristlichen Baukomplex, zu dem auch die Katakombe an der Via Nomentana, die ursprüngliche Begräbnisbasilika der hl. Agnes und das Mausoleum der hl. Constantina (der ältesten Tochter Kaiser Konstantins) gehören (heute Chiesa di S. Costanza – siehe dort). Die jetzige Basilika stammt von circa 630 und wurde von Papst Honorius I. (625–638) in Auftrag gegeben. Geistlicher Mittelpunkt ist das Grab der Märtyrerin und das in seiner Schlichtheit beeindruckende Apsismosaik, das um 638 entstanden ist und die hl. Agnes zentral in der Mitte als junge Frau in kaiserlichen Gewändern zeigt, flankiert von den Päpsten Honorius I. und

Sant'Agnese fuori le Mura – Apsismosaik

Symmachus (498–514), der sich um die Restaurierung der alten Begräbnisbasilika direkt daneben verdient gemacht hatte. In Sant'Agnese werden am 21. Januar, dem Gedenktag der Heiligen, zwei Lämmer gesegnet, aus deren Wolle die Pallien des Papstes und der Erzbischöfe durch die Benediktinerinnen in Santa Cecilia in Trastevere hergestellt werden. Diese Pallien liegen bis zur Verleihung an die neuen Erzbischöfe in der Confessio von Sankt Peter in der sogenannten „Pallien-Nische" in unmittelbarer Nähe zum Petrusgrab.

Gebet

Ewiger Gott, du berufst, was schwach ist in dieser Welt, um das, was stark ist, zu beschämen. Höre auf die Fürsprache der heiligen Agnes. Komm uns zu Hilfe, damit auch wir unbeirrt den Glauben bekennen. Darum bitten durch Jesus Christus, unseren Herrn. (Tagesgebet vom Gedenktag der hl. Agnes)

Sant'Agnese fuori le Mura – Sarkophag der heiligen Agnes

12 Santa Costanza

Via Nomentana, 349

Das Mausoleum der hl. Constantina, der Tochter von Kaiser Konstantin, das sich im frühchristlichen Bezirk von Sant'Agnese befindet, ist aus kunstgeschichtlicher Hinsicht äußerst interessant. Der Bau wurde um 337 errichtet, und Constantina ließ sich hier selbst nach ihrem Tod 354 beisetzen. Er besticht zunächst einmal aufgrund seiner Architektur eines Rundmausoleums aus drei konzentrischen Kreisen mit 24 doppelgestellten Säulen. Ebenfalls herausragend ist der große Porphyr-Sarkophag aus dem Jahr 320 mit Szenen vom Ernten und Keltern der Weintrauben, dessen Original sich heute in den Vatikanischen Museen be-

Santa Costanza

Santa Costanza – Innenraum

findet. Und schließlich sind die Mosaiken zu nennen, die zu den ältesten der christlichen Monumentalarchitektur gehören (um 350). In dem gut erhaltenen Mosaik in der südöstlichen Apsis ist die Übergabe des Gesetzes (*traditio legis*) dargestellt. Ein jugendlich wirkender Christus mit erhobener rechter Hand übergibt mit seiner Linken Petrus eine offene Gesetzesrolle. Zu seiner Linken ist Paulus zu sehen. Christus selbst schwebt auf Wolken, womit seine Göttlichkeit zum Ausdruck gebracht wird, ein Motiv, das in vielen anderen römischen Mosaiken der Spätantike aufgenommen wurde. Ähnliches gilt für die Übergabe des Schlüssels (*traditio clavis*) in der gegenüberliegenden Apsis. Hier thront der bärtige Christus als Weltenherrscher auf einer Kugel und übergibt dem bartlosen Petrus auf der linken Seite den Schlüssel des Himmelreiches. Auch dieses Motiv ist beispielhaft für die Theologie frühchristlicher Mosaike.

Santa Costanza – Apsismosaik

Gebet

Herr Jesus Christus, du hast Petrus das neue Gesetz der Liebe und die Schlüssel des Himmelreiches übergeben. In diesen alten Mosaiken, die uns an diesem Ort der frühen Christenheit begegnen, sehen wir ein Bild für die Verantwortung, die der Papst und die Kirche als Ganze für die Menschen von heute haben. Lass uns das neue Gesetz der Liebe immer wieder in die Tat umsetzen und den Menschen, die gefangen sind in Angst und Traurigkeit, neue Hoffnung schenken, indem wir ihnen neue Türen und neue Horizonte öffnen, der du lebst und herrschst in Ewigkeit.

13 San Crisogono in Trastevere

Viale Trastevere, 47

Neben San Clemente ist die Kirche San Crisogono in Trastevere eine der interessantesten frühchristlichen archäologischen Stätten in Rom. Denn unter der heutigen Basilika, die aus dem Mittelalter stammt (1129), befindet sich eine Unterkirche (Zugang durch die Sakristei), die ihrerseits mehrere Schichten hat. Ganz am Anfang standen die Überreste eines römischen Wohnhauses aus dem 2. Jahrhundert, in dem Anfang des 4. Jahrhunderts ein Saal für liturgische Zwecke eingerichtet wurde. Dieser einschiffige Sakralbau erfuhr seinerseits Mitte des 5. Jahrhunderts eine Umgestaltung zu einer Hallenkirche mit einer Apsis und zwei sogenannten „Pastophorien", Seitenräume, die im byzantinischen Kirchenbau typisch waren und z. B. noch in der Kirche Santa Maria Antiqua auf dem Forum Romanum zu sehen sind. In diesen Räumen waren in San Crisogono ein Baptisterium und die Sakristei untergebracht. Unter Papst Gregor III. (731–741) wurde die frühchristliche Kirche noch einmal um eine Ringkrypta vergrößert, mit einem Zugang zu einer Confessio über dem Grab eines Märtyrers. Diese Kirche ist die noch heute zu besichtigende Unterkirche, in der sich u. a. Fresken aus dem 9.–11. Jahrhundert befinden, die Szenen aus dem Leben des hl. Benedikt zeigen. Über dieser frühchristlichen Kirche wurde im 12. Jahrhundert an der Nordseite die heutige dreischiffige Basilika gebaut, die einen wunderschönen Cosmatenfußboden, 22 antike Spoliensäulen aus rotem und grauem Granit und zwei ungewöhnlich große Porphyrsäulen als Stützen des Triumphbogens enthält. Außerdem wurden in dieser Zeit die Vorhalle und der Campanile gebaut. Im Zuge der Barockisierung (1620–1630) zog man schließlich die prächtige Kassettendecke ein.

Vom geistlichen Gesichtspunkt her ist in San Crisogono zum einen die Gestalt des hl. Chrysogonus von Bedeutung, der im römischen (und

SCIPIO CARD
BVRGHESIVS

ambrosianischen) Messkanon bis heute im Gottesdienst Erwähnung findet. Im Altar der heutigen Kirche wird seine Hauptreliquie verehrt. In seiner Figur vereinen sich die Traditionen zweier verschiedener historisch nicht mehr fassbarer Personen in Rom und Aquileja. Die römische Gestalt ist durch den Titulus der Kirche in Trastevere erstmals 499 bezeugt, und der Weihetag derselben wird am 24. November zu seinem Festtag. Die Tradition von Aquileja hingegen sieht in ihm einen frühchristlichen Märtyrer, der in der Christenverfolgung unter Kaiser Diokletian ums Leben gekommen ist (ca. 303). Dass er Bischof von Aquileja und Lehrer und Erzieher der heiligen Anastasia gewesen sein soll, der er in ihrem Martyrium ebenfalls beistand, wird in der *Legenda Aurea* berichtet, ist aber historisch nicht nachweisbar.

Zum anderen sind die Fresken des heiligen Benedikt – vor allem die Reste der Heilung eines Aussätzigen – Anlass für eine Betrachtung.

Gebet in der Oberkirche

Herr und Gott, das Haupt des heiligen Chrysogonus, das in dieser Kirche verehrt wird, verweist uns auf einen Menschen, der als geistlicher Begleiter anderen Menschen Mut zusprach und selbst Zeugnis für seinen Glauben ablegte bis zum Tod. Sein Name bedeutet so viel wie „der aus Gold Geborene". Schenke uns heute die Kraft, für andere Menschen wie Gold zu sein, indem wir ihnen vermitteln, wie wertvoll sie sind und dass in jedem von uns etwas Kostbares liegt, das manchmal nur verborgen ist und gehoben werden muss. Gib, dass wir selber immer wieder aus dem Schatz leben, der uns in Jesus Christus geschenkt ist. Öffne unsere Augen für das Wertvolle in den Menschen, in der Welt und in unserem eigenen Leben, damit wir so ein Zeugnis geben für unsere Zeit. Darum bitten wir durch Christus, unseren Herrn.

San Crisogono in Trastevere – Innenraum

Gebet in der Unterkirche (Fresko des heiligen Benedikt)

Der heilige Benedikt heilt einen Aussätzigen. Die Gesichter der beiden sind einander zugewandt. Sie drücken Ernsthaftigkeit, aber auch Hoffnung aus. Die roten Wangen auf beiden Gesichtern sind zugleich Ausdruck von Lebendigkeit. Benedikt hat seine rechte Hand erhoben und deutet mit zwei Fingern auf die Augen des Aussätzigen, als ob er ihn von Blindheit heilen wollte. Dessen Augen sind aber geöffnet und drücken eigentlich nicht Leiden und Schmerz, sondern Hoffnung und Vertrauen aus. Nur seine Arme sind etwas seltsam verbogen, als ob er der Heilung nicht ganz trauen würde. Obwohl sein Körper voller Aussatz ist, lässt er sich aber nicht unterkriegen und vertraut sich der heilenden Geste Benedikts an.

Herr und Gott, Wir beten hier für alle Kranken, die keine Hoffnung mehr haben – dass sie Menschen finden, die durch Worte, Gesten, Taten und ihr schlichtes Dasein heilend wirken können; Menschen, die auch in schwerer Krankheit Wege mitgehen, aufrichten, stärken und dadurch Hoffnung schenken. Darum bitten wir durch Christus, unseren Herrn.

San Crisogono in Trastevere – Fresko des heiligen Benedikt

14 Santa Maria in Trastevere

Piazza di S. Maria in Trastevere

Die Vorgängerbauten von Santa Maria in Trastevere gehören zu den ältesten Kirchen Roms. Am Ursprung steht das Privathaus von Papst Calixtus I. (217–222), neben dem Papst Julius I. (337–352) einen Kirchenbau setzen ließ. Diese Kirche wurde im 6. Jahrhundert (nach anderen Quellen erst im 8. Jahrhundert) der Gottesmutter Maria geweiht. In dieser Zeit kamen auch die Reliquien der Päpste Calixtus und Cornelius in die Basilika, die noch heute in der Confessio ruhen. Unter Papst Innozenz II. (1130–1143), der in Trastevere geboren wurde (die Widmungsinschrift auf dem Apsismosaik nimmt darauf Bezug), wurde eine dreischiffige Basilika gebaut, die zu den eindrucksvollsten mittelalterlichen Sakralbauten in Rom zählt. Zentrale Punkte sind das *Apsis-*

Santa Maria in Trastevere

mosaik (um 1143) mit der zentralen Darstellung Mariens auf dem Thron (dabei ist Maria nur unwesentlich kleiner als Christus dargestellt), flankiert von den hll. Petrus, Cornelius, Julius und Calepodius auf der rechten und den hll. Calixtus, Laurentius und Innozenz II. auf der linken Seite – die Heiligen haben entweder mit dem Bau der Kirche zu tun oder sind hier begraben. Im Apsisbogen sind neben den Propheten Jesaja und Jeremia (mit Schriftrollen) besonders die beiden in den Wolken hängenden Vogelkäfige interessant, die ein Hinweis auf Psalm 124,7 sein könnten („Unsre Seele ist wie ein Vogel dem Netz des Jägers entkommen; das Netz ist zerrissen, und wir sind frei."). Neben dem Apsismosaik ist als zweiter zentraler Punkt die *Marienikone* in der *Cappella Altemps* (links neben der Apsis) zu erwähnen. Sie stammt aus dem 7. oder 8. Jahrhundert und gehört – neben der *Maria Salus Populi Romani* – zu den am meisten verehrten Marienbildern in Rom.

Seit vielen Jahren betet die Gemeinschaft *San Egidio*, die in Trastevere von Andrea Riccardi gegründet wurde, in Santa Maria in Trastevere jeden Abend ihre Vesper. Die aus der östlichen Tradition stammende Christusikone am Hauptaltar ist dabei ein wichtiger spiritueller Punkt der Sammlung. Außerdem findet jedes Jahr an Weihnachten in der Kirche ein festliches Essen für obdachlose, kranke, behinderte und andere bedürftige Menschen statt.

Gebet vor dem Apsismosaik

Herr, du bist groß in deinen Heiligen. Wir verehren vor allem Maria, die Gottesmutter, die uns immer wieder Trost und Fürsprache sein kann. Hier an diesem Ort wurde ihr eine Kirche geweiht, aber es sind auch viele Päpste mit diesem Ort verbunden. Calixtus, Cornelius, Julius, Innozenz – viele von ihnen haben in Verfolgungszeiten gelebt und mussten ihr Leben hingeben. In der Frage der Wiederaufnahme von Sündern haben sie sich mild und

Santa Maria in Trastevere – Apsismosaik

barmherzig gezeigt. Lass uns nach ihrem Beispiel großzügig sein gegenüber allen, die Fehler gemacht haben oder in manchen Lebensphasen gescheitert sind. Gib uns aber auch ihren Mut in der Stunde der Verfolgung, wo unser Bekenntnis gefragt ist. Darum bitten wir durch Christus, unseren Herrn.

An der Marienikone (in der Cappella Altemps)

Maria, du bist kaum zu erkennen in deinen königlichen Gewändern. Zwei Engel mit Zeremonienstäben stehen neben dir, als ob sie zeigen wollten, dass dir große Ehre gebührt. Du thronst als Gottesmutter mit dem Kind auf dem Schoß. Dieses Kind macht dich groß, macht dich zur Fürstin. Sei du unsere Mutter, die uns den Weg zu Jesus zeigt. „Was er euch sagt, das tut" (Joh 2,5). Das waren

Santa Maria in Trastevere – Marienikone

deine Worte in Kana. Ganz schlicht und einfach. Eigentlich nicht schwer zu verstehen. Aber umso schwerer, es umzusetzen. Die Worte Jesu bleiben ein Auftrag für uns. Du aber hast uns gezeigt, wie man diese Worte in seinem Leben verwirklichen kann. Wir danken dir, Maria.

Vor der Christusikone

Herr Jesus Christus, jeden Tag kommen Menschen der Gemeinschaft San Egidio und viele andere zu dir, die sich für kranke, obdachlose und behinderte Menschen in Trastevere und der ganzen Stadt Rom einsetzen. Sie holen sich an diesem Ort Kraft für ihren sozialen Einsatz in der Stadt. Wie gut ist es, wenn Gebet und Einsatz für den Nächsten Hand in Hand gehen. Du bist unser Herr und hast uns selbst durch dein Leben gezeigt, dass man neben dem Einsatz für andere auch Zeiten des Gebets und der Stille braucht. Lass uns immer wieder zusammenkommen, um dich anzubeten und aus der Vereinigung mit dir Kraft zu schöpfen für unseren Alltag, der du lebst und herrschst in Ewigkeit.

Santa Maria in Trastevere – Christusikone

15 Santa Pudenziana

Via Urbana, 160

Der Legende nach stand an dieser Stelle das Haus des Senators Pudens, in dem Petrus während seiner Zeit in Rom gewohnt haben soll. Archäologisch sind tatsächlich römische Gebäudereste aus dem 2. Jahrhundert noch heute in die Pfeilerbasilika integriert, die um 380 errichtet wurde. Die Verehrung von Pudentiana und Praxedis, die der Überlieferung nach Töchter von Pudens waren, über die aber historisch nichts bekannt ist (wahrscheinlich haben sie im 4. Jahrhundert das Martyrium erlitten), spielte spätestens ab dem 6. Jahrhundert hier eine große Rolle. Gegen Ende des 8. Jahrhunderts wurde die Kirche noch einmal erweitert.

Zentraler Blickfang ist das *Apsismosaik*, das um das Jahr 415 entstanden ist und – zusammen mit dem Mosaik aus Santa Costanza – zu den ältesten Mosaiken in einem römischen Sakralbau gehört. Christus wird hier auf einem Thron sitzend, mit langem Haar und Bart gezeigt als Lehrer seiner Apostel, von denen Petrus und Paulus ihm zugewandt, während die anderen zum Teil untereinander ins Gespräch vertieft sind. Hinter Petrus und Paulus stehen zwei Frauen mit Lorbeerkränzen in der Hand, die sie den beiden Apostelfürsten über den Kopf halten. Sie stellen die Kirche aus Juden und Heiden dar, die früheste künstlerische Darstellung dieser Art überhaupt. Über Christus und den Aposteln ist das himmlische Jerusalem zu sehen – in der Mitte der Golgota-Hügel mit einem großen Gemmenkreuz, umgeben von den vier Evangelistensymbolen.

Apsis

Meditation zum Apsismosaik

Herr Jesus, als der Lehrende trittst du uns hier entgegen. Deine Botschaft ist nicht einfach nur eine fromme Lebenshilfe, sondern philosophische Weisheit, davon waren die Menschen überzeugt, die dieses Mosaik schufen. Auch wir müssen uns heute als Christen auf dem Areopag der Meinungen behaupten, und es ist wichtig, dass wir lernen, zu diskutieren und unseren Glauben vernünftig zu begründen. Wir sehen, wie die Apostel zum einen auf dich ausgerichtet sind – vor allem Petrus und Paulus. Ja, Herr, von dir allein kommt die Weisheit des Lebens. Zum anderen sind die übrigen Apostel auch untereinander im Gespräch vertieft und einander zugewandt. Man hört einander zu, man nimmt sich ernst und versucht, gemeinsam den richtigen Weg zu gehen. Die beiden Frauen als Bilder für die Juden- und Heidenkirche zeigen uns darüber hinaus, dass es verschiedene Wege zu Christus gibt. Herr, lehre uns die Offenheit für andere Wege; lehre uns, einander zuzuhören, und lass unseren Blick dabei immer auf dich gerichtet sein. So wird die Kirche in eine gute Zukunft gehen, der du lebst und herrschst in Ewigkeit.

16 San Clemente

Piazza di San Clemente

Die Basilika San Clemente ist einer der interessantesten Kirchenbauten Roms. Sie besteht aus drei übereinanderliegenden archäologischen Schichten, die alle besichtigt werden können. Die unterste beherbergt neben antiken römischen Gebäuderesten ein Mithräum aus dem 3. Jahrhundert (um 240). Ein Kultraum mit einem Opferstein, auf dem Helios und Mithras, der einen Stier tötet, zu sehen sind, ist noch gut erhalten. Nach Erlöschen des Mithraskultes am Ende des 4. Jahrhunderts wurde unter Papst Siricius (384–399) eine dreischiffige Basilika mit breiter Apsis und *Schola cantorum* (Sängerchor) gebaut (die sogenannte „Unterkirche"). Es sind dort noch einige Wandmalereien aus dem 8.–12. Jahrhundert erhalten. Die Unterkirche war auch Schauplatz einiger wichtiger Kirchenversammlungen in der Spätantike und im Mittelalter. So wurde hier u. a. Paschalis II. 1099 zum Papst gewählt. Papst Paschalis II. war es auch, der um 1100 den Neubau der Basilika in Auftrag gab (die heutige „Oberkirche"). Die Chorschranken aus der frühchristlichen Basilika wurden dorthin übertragen. Die mittelalterliche Basilika ist ebenfalls dreischiffig, hat eine kleinere Apsis, eine *Schola cantorum* mit zwei Ambonen und ein Atrium mit einem wunderschönen Brunnen, an dem man sich im Sommer erfrischen kann.

Blickfang in der Oberkirche ist das wunderschöne Mosaik in der Apsiswölbung, das um 1118 entstanden ist und ein großes dunkelblaues Kreuz mit Gekreuzigtem vor goldenem Hintergrund zeigt. Auffällig sind besonders die zwölf weißen Tauben im Kreuz, welche die durch den Kreuzestod gewandelte Kirche im Paradies – daher auch das Rankenwerk in der Apsis – symbolisieren sollen. Die Inschrift unter dem Apsismosaik bezieht sich auf den Weinstock Christus und die hinter dem Mosaikkreuz aufbewahrten Reliquien: ein Teil des Holzes des Kreuzes Christi

und ein Zahn des Jakobus und des Ignatius. Im Apsisbogen sind u. a. die Propheten Jesaja und Jeremia, die Apostelfürsten Petrus und Paulus sowie die römischen Heiligen Laurentius, der die Füße auf dem Rost hat, und Klemens I. mit dem Anker als Zeichen seines Martyriums zu sehen. Papst Klemens, einer der ersten Päpste nach Petrus, ist der Patron der Kirche. Sein Lebenszeugnis und das Lebenszeugnis der hl. Katharina von Alexandrien, das in der *Cappella di Santa Caterina* mit Fresken aus dem 15. Jahrhundert dargestellt wird, sind weitere Punkte der Betrachtung.

Meditation zum Apsismosaik

Vom Kreuz Christi kommt das Leben. Nirgendwo wird dies so deutlich wie an diesem Ort. Zwar stehen auch hier unter dem Kreuz die Trauernden Maria und Johannes, ansonsten ist die Szene jedoch von einem blühenden Para-

San Clemente – Apsismosaik

diesgarten umgeben, in dem Engel spielen, Kirchenväter ihre Schriften verfassen, Menschen ihren Beschäftigungen nachgehen, Hirsche aus einem Bach trinken, Pfauen umherstolzieren, Vögel umherfliegen und Hirten ihre Schafe weiden. Die ganze Szene hat etwas Spielerisches, das nicht so sehr zum Leiden des Gekreuzigten passen will. Und dennoch trifft es den Kern der christlichen Botschaft: Das Kreuz ist nicht das Ende, sondern der Anfang des Lebens. Vom Kreuz her erblüht das neue Leben, bekommen wir unsere Kraft. Herr, lass uns erkennen, dass du das Leben bist und durch dein Kreuz die Welt erlöst hast. Gib uns in den Dunkelheiten unserer Tage den Blick für das Schöne und den Sieg des Lebens über den Tod, der du lebst und herrschst in Ewigkeit.

Gebet
Allmächtiger, ewiger Gott, der heilige Papst Klemens hat als Priester und Märtyrer deines Sohnes das Wort, das er verkündete, durch sein Tun bekräftigt und die Geheimnisse Christi, die er feierte, mit seinem Blut bezeugt. Erfülle uns mit Freude über seinen Sieg und lass uns erfahren, dass deine Macht im Leben der Heiligen sichtbar wird. Darum bitten wir durch Jesus Christus, unseren Herrn. (Tagesgebet vom Gedenktag des hl. Klemens I.)

An der Kapelle der hl. Katharina von Alexandrien
(linkes Seitenschiff hinten, Oberkirche)
Herr, unser Gott, du offenbarst uns in der Bedrängnis die Macht deines Erbarmens. Von dir empfing die heilige Katharina die Gnade, das Martyrium zu bestehen. Von dir komme auch in uns die Kraft, in aller Not auf deine Hilfe zu vertrauen. Darum bitten wir durch Jesus Christus, unseren Herrn. (Tagesgebet vom Gedenktag der hl. Katharina von Alexandrien)

17 Santi Giovanni e Paolo

Piazza SS. Giovanni e Paolo

Von Bedeutung ist diese Basilika am Monte Celio, die ab 410 erbaut wurde, vor allem wegen der römischen Wohnanlage mit Privatthermen und einer frühchristlichen Hauskirche bzw. einem Oratorium unter der heutigen Kirche, denn es stellt das bisher einzige Beispiel eines solchen frühchristlichen Versammlungsraums in Rom dar. In diesem Oratorium, das *Titulus Byzantis* (nach dem damaligen Eigentümer Byzans) genannt wird, ist außerdem das größte und am besten erhaltene Wandgemälde Roms zu besichtigen, das u. a. eine weibliche Gestalt in Orantenhaltung zeigt. Im 5. Jahrhundert wurde über dieses Wohnhaus mit Privatkapelle eine dreischiffige Basilika erbaut, die später umgebaut und barockisiert

Santi Giovanni e Paolo

wurde. Außerdem kam ein von der Kirche getrennter Campanile hinzu. Einzigartig für Rom ist auch die Zwerggalerie an der Außenseite der Apsis, die vom gegenüberliegenden Hügel, dem Palatin, aus gut zu erkennen ist. Als Kirchenpatrone werden der Basilika erst 595 die römischen Märtyrer Johannes und Paulus zugewiesen, die weithin unbekannt sind, aber in den römischen Messkanon aufgenommen wurden. Spirituell steht hier das Zeugnis einer privaten Hauskirche im Mittelpunkt. Man liest bzw. betet die Meditation am besten in den Ausgrabungen.

Meditation

Herr Jesus Christus, schon früh haben sich Menschen in deinem Namen versammelt, um zu beten und in Gemeinschaft Gottesdienst zu feiern. Wir befinden uns hier in einer der wenigen erhaltenen Hauskirchen Roms. Der Geist des Gebetes und der Gemeinschaft ist an diesem Ort zu spüren. Wahrscheinlich waren die Gottesdienste, die hier gefeiert wurden, sehr schlicht und intim, aber gerade deswegen auch sehr authentisch. Schenke uns wieder neu den Eifer der ersten Christen, die sich im verborgenen und geschützten Rahmen trafen und Gottesdienst feierten. Gib uns die Kraft, unseren Glauben auch in der Verfolgung zu leben und uns zum Gebet zu versammeln, auch wenn kein Priester dabei ist. Lass uns leben aus der Kraft des schlichten Gebetes, der du lebst und herrschst in Ewigkeit.

18 Santa Sabina

Piazza di Pietro d'Illiria, 1

Diese auf dem Aventin zwischen 422 und 440 erbaute dreischiffige Basilika steht auf den Resten eines römischen Hauses, wobei es nicht erwiesen ist, ob dieses auch ein privates Oratorium enthielt. Faszinierend an dem heutigen Kirchenbau ist der formvollendete Raumeindruck einer Basilika aus dem 5. Jahrhundert, den es so nach der Zerstörung von Alt-St. Peter, dem Brand von Sankt Paul vor den Mauern und der Barockisierung der Lateranbasilika nicht mehr gibt. Von den Ausstattungsstücken sind besonders der Sängerchor aus dem 9. Jahrhundert, das Mosaik an der Innenseite der Eingangswand mit einer Inschrift und zwei allegorischen Gestalten, welche die „Kirche aus der Beschneidung" (Judenchristentum, links) und die „Kirche aus den Völkern" (Heidenchristentum, rechts) darstellen, sowie die einmalige Holztür aus Zypressenholz mit 18 Szenen aus dem Alten und Neuen Testament bewundernswert. Das linke obere Feld dieser Tür ist das älteste Beispiel einer Darstellung Christi und der beiden Schächer am Kreuz. Die Holztür stammt wie das Eingangsmosaik aus dem Jahr 432. Die Patronin der Kirche, die hl. Sabina, ist wahrscheinlich die als Heilige verehrte Stifterin des Kirchengrundstücks auf dem Aventin.

Zentrale Punkte des Gebetes sind die Holztür und das Eingangsmosaik.

Meditation an der Holztür

Fasziniert stehen wir vor dieser Tür, die zu den größten Kostbarkeiten der abendländischen Kunst überhaupt zählt. Es ist fast unvorstellbar, wie gut erhalten sie nach fast 1600 Jahren ist. Die Tür zeigt uns Szenen aus dem Alten und Neuen Testament, angefangen von der ältesten Darstellung der Kreuzigung Christi über die Wunder Jesu, seine Auferstehung bis hin zu den großen Gestalten des Alten Bundes wie Mose, Elija und Daniel. Hier wird Heilsgeschichte lebendig.

Herr, du hast von dir selbst gesagt: „Ich bin die Tür" (Joh 10,9). Wer durch dich hindurchgeht, wird das ewige Leben haben. Du öffnest uns immer wieder Türen und Horizonte. Dafür danken wir dir. Aber auch die geschlossene Tür kann ein Weg zu dir sein. Wie eine Ikonenwand keine Grenze darstellt, sondern Bild für die Ewigkeit sein will, so soll auch diese Tür uns durch die Betrachtung der Heilsgeschichte zu dir führen. Schenke uns Augen des Glaubens, dass wir dich und deine Herrlichkeit erkennen, die du uns hier zeigen möchtest, der du lebst und herrschst in Ewigkeit.

Betrachtung des Eingangsmosaiks

Vor langer Zeit ist diese Kirche von einem Priester gegründet worden, der aus dem heutigen Balkan stammt, aber in Rom wirkte. Kirche baut sich immer aus verschiedenen Steinen auf, aus Menschen verschiedener Herkunft. Die beiden Frauengestalten stehen hier für die Kirche aus Juden und Heiden und damit für verschiedene Zugangswege zu Christus. Bei dir, o Herr, zählen nicht Nationalität, Abstammung und Rasse. Vielmehr schaust du auf das Herz und den Willen derer, die dir nachfolgen. Lass uns in Gemeinschaft mit allen Christen dieser Welt die richtigen Wege finden. Schenke uns Respekt vor verschiedenen Traditionen und lass sie uns als Reichtum, nicht als Konkurrenz empfinden. Darum bitten wir durch Christus, unseren Herrn.

Santa Sabina – Schriftmosaik über dem Eingangsportal (Innenseite)

19 San Pietro in Vincoli

Via delle Sette Sale

Diese Kirche war ursprünglich den Aposteln Petrus und Paulus geweiht und gehört zu den ältesten Kirchen Roms. Aus unbekannten Gründen – eventuell beim Einfall der Goten in die Stadt im Jahre 410 – wurde die Kirche sehr früh zerstört, aber unter Papst Sixtus III. (432–440) als dreischiffige Basilika mit einem Sängerchor wiederaufgebaut und 439 geweiht. Später wurde sie barockisiert. Stifterin der Kirche des 5. Jahrhunderts war die Kaiserin Eudoxia, Frau Kaiser Valentinians III. (425–455), die der Überlieferung nach auch die Ketten, mit denen Petrus im Mamertinischen Kerker gefesselt war (nach anderer Überlieferung: die Ketten, von denen der Engel Petrus im Gefängnis in Jerusalem befreite [Apg 12,6]), hierherbrachte bzw. dem Papst schenkte. Diese werden heute in der Confessio unter dem Hochaltar verehrt und sind ein zentraler Punkt des Gebetes und Innehaltens. Weitere wichtige Kunstwerke bzw. spirituelle Haltepunkte sind das Grabmal für Papst Julius II. (1503–1513) von Michelangelo Buonarroti, mit der zentralen Figur des Mose rechts vom Hauptaltar und das Epitaph (die Gedenktafel) des Kardinals Nikolaus von Kues (1401–1464) im vorderen linken Seitenschiff.

An den Ketten Petri

Gefesselt. Geknebelt. Geschlagen. Verfolgt. Das Schicksal, das der Apostel Petrus im Gefängnis erlitten hat, müssen heute viele Menschen auf der ganzen Welt erleiden. Aus religiösen, politischen oder gesellschaftlichen Gründen werden sie zu Unrecht inhaftiert und müssen oft jahrelang im Gefängnis verbringen. Andere haben Schuld auf sich geladen, aber bereuen ihre Tat und wollen einen neuen Anfang wagen. Wir wollen an dieser Stelle für alle Frauen und Männer beten, die im Gefängnis sind und deren Hoffnung fast erloschen ist.

Schenke ihnen, o Herr, das Licht deiner Gnade, neue Kraft und Hoffnung und das Geleit der Engel, die auch Petrus aus dem Kerker geführt haben – Engel können manchmal ja auch Menschen sein, die sich für ihre Freilassung einsetzen. Mach die Welt gerechter und menschlicher, indem du mit deinem Geist der Liebe in die Herzen der Menschen, vor allem der Mächtigen, kommst. Schenke uns Gerechtigkeit und Menschlichkeit gerade im Strafvollzug, du gnädiger Richter und Hoffnung der Sünder und Geschlagenen. Darum bitten wir durch Christus, unseren Herrn.

Am Grabmal Julius' II.

Gewaltig und kraftvoll sitzt Mose hier als Mann des Glaubens und der Tat, der das Volk Israel aus Ägypten geführt hat. Mose ist der Heilige Israels schlechthin, weil er als einziger Mensch Gott von Angesicht zu Angesicht schauen durfte. Er erinnert uns an die Heiligkeit Gottes, vor dem wir im übertragenen Sinn die Schuhe ausziehen müssen, wenn wir ihm begegnen wollen. Mose ist aber auch derjenige, der dem Volk Israel das Gesetz gegeben hat. Orientierung, Ordnung, Klarheit. Die Zehn Gebote sind bis heute für viele Menschen Maßstab des Handelns. Herr, unser Gott, lass uns erkennen, dass zwischen einer tiefen Spiritualität und Gottesbeziehung einerseits und einer klaren Ordnung und Gesetzgebung andererseits kein Widerspruch besteht. Hilf uns, die Gebote Gottes in Liebe und Barmherzigkeit umzusetzen, damit den Menschen in ihnen auch heute die Güte und Menschenfreundlichkeit Gottes erfahrbar wird. Darum bitten wir durch Christus, unseren Herrn.

Am Epitaph Nikolaus' von Kues

Dieser große Kardinal, der von der Mosel stammte, hat im späten Mittelalter viele Impulse für die Theologie und Philosophie gegeben. Er hat sich damals schon um die Verständigung unter den Religionen bemüht und war auch von der Mystik beeinflusst. Einer seiner prägenden Begriffe ist die belehrte Unwissenheit (docta ignorantia). Herr, unser Gott, lehre uns nach dem Beispiel des Nikolaus von Kues, dass unser Wissen, das wir im Lauf des Lebens anhäufen, begrenzt ist. Lehre uns Demut vor deinem Angesicht, keine erniedrigende und duckmäuserische Demut, die sich allem beugt und sich nichts zutraut, sondern eine Demut, die bei allem Taten- und Forschungsdrang weiß, dass es Grenzen unserer Erkenntnis gibt und wir in das Geheimnis deiner Liebe nur dann eintreten können, wenn wir diese Grenzen anerkennen. Lehre uns neu Bescheidenheit bei allem, was wir tun. Darum bitten wir durch Christus, unseren Herrn.

20 Santa Cecilia in Trastevere

Piazza di Santa Cecilia

Über das Leben der Patronin dieser Kirche, der heiligen Cäcilia, gibt es keine historischen Belege. Gesichert ist nur, dass am 22. November 545 (der noch heute der liturgische Gedenktag ist) eine Gedächtnisfeier zu Ehren der heiligen Cäcilia in dem Vorgängerbau der jetzigen Kirche in Trastevere begangen wurde und ihr Name auch bereits im römischen Kanon erscheint. So ist ihre Verehrung schon früh historisch nachzuweisen, nicht aber ihre Existenz. Nach der Legende handelt es sich um eine römische Patrizierin, die zusammen mit ihrem Mann Valerianus im 5. Jahrhundert als Märtyrerin starb. Die Wiederauffindung ihrer (vermeintlichen) Gebeine in der Callistus-Katakombe im 9. Jahrhundert

Santa Cecilia in Trastevere

veranlasste Papst Paschalis I. (817–824) zu einem Neubau einer dreischiffigen, nach Westen ausgerichteten Basilika. Sehenswert ist das aus dieser Zeit stammende Apsismosaik, das von den Motiven her angelehnt ist an die Mosaiken in Santi Cosma e Damiano und San Prassede. Es zeigt den Kirchenstifter Paschalis I. (mit quadratischem Nimbus), die heilige Cäcilia, den hl. Paulus auf der linken Seite von Christus und Petrus, Valerianus und wahrscheinlich die hl. Agatha zu seiner Rechten. Ebenso zu nennen sind das Altarciborium von Arnolfo di Cambio (1293) und die Liegestatue der hl. Cäcilia von Stefano Maderno (1599), welche die Heilige in der Position zeigt, wie sie der Künstler bei der Öffnung des Grabes vorfand. Außerdem existieren im Klausurbereich der Benediktinerinnen noch Fragmente des Freskos von Pietro Cavallini aus dem Jahr 1293 an der inneren Eingangswand, die u. a. Christus und die Engelchöre darstellen.

Gebet

Großer Gott, du hast uns geschaffen, damit wir dich loben und preisen. Erhöre auf die Fürsprache der heiligen Cäcilia unser Gebet und lass uns mit Freude und Hingabe dein Lob verkünden. Darum bitten wir durch Christus, unseren Herrn. (Tagesgebet vom Gedenktag der hl. Cäcilia)

Meditation an der Liegestatue der hl. Cäcilia

Schwach und zerbrechlich liegst du da, Cäcilia. Dein Gesicht ist verhüllt und vom Betrachter abgewandt, dein Körper scheint verkrümmt, und doch strömt er eine Harmonie aus, die überirdisch ist. Deine Hände scheinen wie gebunden und ruhen doch in Frieden. Herr und Gott, im Anblick dieser Statue wird uns die Zerbrechlichkeit des menschlichen Lebens bewusst. Wir wissen nicht, wie Cäcilia gelebt hat, aber diese Statue zeigt uns eine zerbrechliche und zugleich anmutige Frau, die sich ganz in den Tod hinein fügt – im Vertrauen auf dich, ihren Herrn. So schenke uns auch dieses Vertrauen,

Santa Cecilia in Trastevere – Liegestatue der heiligen Cäcilia

damit wir in den Zerbrechlichkeiten unseres Lebens nicht aufgeben und mutlos werden, sondern voller Freude und Hoffnung dein Lob singen. Darum bitten wir durch Jesus Christus, unseren Herrn.

21 Santi Quattro Coronati

Via dei SS. Quattro Coronati, 20

Santi Quattro Coronati

Diese am Hügel des Celio liegende Basilika, die man auf dem Weg von San Clemente zum Lateran besichtigen kann, hat eine lange Geschichte. Der ursprüngliche Bau geht auf das 4. Jahrhundert zurück (heute ist die Apsis davon noch erhalten). Im 9. Jahrhundert wurde über dieser Kirche eine dreischiffige Säulenbasilika erbaut, die zu den größten Kirchenbauten Roms in dieser Zeit gehörte und eine Ringkrypta erhielt, in der die Sarkophage der vier Kirchenpatrone aufbewahrt wurden. Diese „Vier gekrönten Märtyrer" waren der Legende nach Bildhauer mit den Namen Sempronianus, Claudius, Nikostratus und Castorius, die in der Christenverfolgung unter Kaiser Diokletian (303–305) in Sirmium (Pannonien, heutiges Ungarn) zu Tode gekommen waren, weil sie sich geweigert hatten, eine Äskulapskulptur herzustellen. Später wurden ihre Leiber dann nach Rom gebracht. Nach der Zerstörung der großen karolingischen Basilika durch die Normannen wurde unter Papst Paschalis II. (1099–1128) eine deutlich verkleinerte romanische Basilika erbaut. Das frühere Langhaus wurde dabei in einen weiteren Vorhof umgebaut, durch den man heute geht, um in die Kirche und in das Oratorium des hl. Silvester zu gelangen. Dieses Oratorium aus dem Jahr 1246 mit seinem wunderschönen Freskenzyklus, der die Geschichte der Heilung und Unterwerfung Kaiser Konstantins unter Papst Silvester I. darstellt, und der Kreuzgang, der ebenfalls aus dem 13. Jahrhundert stammt (Brunnen aus der romanischen Bauzeit), sind zwar inzwischen keine Geheimtipps mehr, gehören aber dennoch zu den schönsten Orten in Rom – zum Verweilen und zur Meditation.

Santi Quattro Coronati – Oratorium des heiligen Silvester

Im Oratorium des hl. Silvester

Heilung und Bekehrung spielen in diesem Gebetsraum eine Rolle, aber auch Macht und Herrschaftsanspruch. Kaiser Konstantin wird im Traum dargestellt und später durch den Anblick eines Bildes der Apostel Petrus und Paulus von seinem Aussatz geheilt, bekehrt sich zum christlichen Glauben und lässt sich von Papst Silvester taufen. Gleichzeitig soll der Anspruch des Papsttums gegenüber dem Kaiser zum Ausdruck gebracht werden. Es geht darum, wer wem zu dienen hat, wer die eigentliche Macht besitzt.

Herr, wir bitten dich, schenke uns die Einsicht, dass es in der Kirche nicht auf die weltliche Macht ankommt, sondern auf die Verkündigung Jesu Christi, der gekommen ist, nicht sich bedienen zu lassen, sondern zu dienen. Schenke uns aber auch die Gabe der Unterscheidung der Geister, damit wir erkennen, wie und wo wir in dieser Welt als Christen mitwirken sollen, und wo es nötig ist, Einspruch zu erheben. Gib, dass Kirche und Politik sich gegenseitig befruchten und in guter Weise ergänzen können – zum Wohle aller Menschen. Darum bitten wir durch Christus, unseren Herrn.

Im romanischen Kreuzgang

Dies ist einer der schönsten und meditativsten Orte Roms. Dem ansonsten hektischen Betrieb der Weltstadt kann man hier für eine kurze oder längere Zeit entfliehen. Der Brunnen in der Mitte, in dessen Becken manchmal Goldfische schwimmen, die Blumentöpfe auf den Balkonen, die schlanken Säulen und Arkaden – all dies gibt diesem Ort eine Atmosphäre der Ruhe und Einkehr. Herr, unser Gott, lass mich immer wieder diese Zeiten der Ruhe suchen – hier in Rom, aber auch wieder daheim. Lass mich immer wieder erkennen, dass ich aus diesen Zeiten Kraft schöpfen kann für mein Leben und für den Alltag. So beten wir mit den Psalmen:

„Bei Gott allein werde ruhig meine Seele, denn von ihm kommt meine Hoffnung. Er allein ist mein Fels und meine Rettung, meine Burg, ich werde nicht wanken. Bei Gott ist meine Rettung und meine Ehre, mein starker Fels, in Gott ist meine Zuflucht. Vertraut ihm, Volk, zu jeder Zeit! Schüttet euer Herz vor ihm aus! Denn Gott ist unsere Zuflucht." (Ps 62,6–9)

„Der Herr ist mein Hirt, nichts wird mir fehlen. Er lässt mich lagern auf grünen Auen und führt mich zum Ruheplatz am Wasser. Meine Lebenskraft bringt er zurück. Er führt mich auf Pfaden der Gerechtigkeit, getreu seinem Namen. Auch wenn ich gehe im finsteren Tal, ich fürchte kein Unheil; denn du bist bei mir, dein Stock und dein Stab, sie trösten mich." (Ps 23,1–4)

22 San Prassede

Via Liberiana, 8

Neben den Mosaiken in Santa Maria Maggiore und Santi Cosma e Damiano gehören die Mosaiken von San Prassede zu den sehenswertesten Kunstwerken des frühen Mittelalters in Rom. Um 820 ließ der baufreudige Papst Paschalis I. (817–824) an der Stelle eines altchristlichen Vorgängerbaus diese dreischiffige Säulenbasilika zu Ehren des Geschwisterpaares Pudentiana (siehe Santa Pudenziana) und Praxedis errichten. Seit 817 ruhen ihre Gebeine zusammen mit den Reliquien zahlreicher anderer Märtyrer in der Ringkrypta unter dem Hochaltar.

Sehenswert ist die Kirche zum einen wegen des kostbaren Cosmatenfußbodens, vor allem aber wegen der sehr gut erhaltenen Mosaiken aus dem 9. Jahrhundert, die sich in der Apsis, am Apsisbogen, am Triumphbogen und in der Zeno-Kapelle im rechten Seitenschiff befinden. In der Apsis wird dabei das Thema der Gotteserscheinung (Theophanie) gezeigt. Im Apsisbogen ist die Verehrung des mystischen Lammes dargestellt und im Triumphbogen das Bild vom Himmlischen Jerusalem. In Letzterem werden etliche Heilige dargestellt, die entweder schon im Himmlischen Jerusalem sind oder dorthingeleitet werden.

Dabei spielen die Apostel Petrus und Paulus wieder eine entscheidende Rolle, aber auch die Titelheilige Praxedis ist direkt unterhalb von Christus und den beiden Engeln zu sehen. Im unteren Teil des Triumphbogenmosaiks bewegen sich endlose Scharen von Märtyrern mit Kränzen und Palmen (vgl. Offb 7,9) auf Christus und das Himmlische Jerusalem zu.

Ein Kleinod ist schließlich die Zeno-Kapelle (benannt nach Bischof Zeno von Verona, dessen Reliquien 372 hierher übertragen wurden).

Paschalis I. hatte sie als Grabkapelle für seine Mutter Theodora errichten lassen. Sie ist vollkommen mit wunderschön erhaltenen Mosaiken ausgestattet, die neben Christus, Engeln und verschiedenen Heiligen u. a. Theodora mit einem quadratischen Nimbus und dem Titel „Theodora Episcopa" zeigen. Es handelt sich hier also nicht um eine Bischöfin (wie manchmal zu lesen ist), sondern um eine Bischofsmutter. In der südlichen Wand dieser Kapelle befindet sich schließlich noch der kleine Durchgang zum Reliquiar der Geißelsäule Jesu.

Vor dem Triumphbogenmosaik

„Zum Paradies mögen Engel dich geleiten, die heiligen Märtyrer dich begrüßen und dich führen in die Heilige Stadt Jerusalem. Die Chöre der Engel mögen dich empfangen, und durch Christus, der für dich gestorben, soll ewiges Leben dich erfreuen." (Aus der Beerdigungsliturgie)

San Prassede – Triumphbogenmosaik

In der Zeno-Kapelle

Der Atem stockt einem angesichts der Fülle dieser Schönheit. Ein Meer von Engeln, Heiligen und Märtyrern. Über allem schaut uns von der Decke Christus an, gehalten von vier Engeln. Er ist der Herrscher über allem, der Pantokrator. An den vier Seiten sehen wir verschiedene Heilige, Petrus, Paulus, Johannes den Täufer, Zeno und Valentin, aber auch Frauen: Maria, Praxedis, Pudenziana und Theodora, die Mutter von Papst Paschalis. Alle haben auf ihre Weise Anteil an der göttlichen Herrlichkeit. Es ist eine schöne Vorstellung, dass diese kostbare und faszinierende Kapelle so wie die ganze Basilika zu Ehren von gläubigen Frauen errichtet wurde. Praxedis, Pudenziana und Theodora sind hier verewigt und können für uns zugleich ein Beispiel sein, mit welchem Mut und welcher Tatkraft Frauen die Geschichte der Kirche geprägt und Zeugnis abgelegt haben.

San Prassede – Deckenmosaik

Herr, unser Gott, schenke uns immer wieder ein gutes Miteinander von Frauen und Männern in der Kirche. Lass uns erkennen, welche großen Charismen beide Geschlechter haben und in die Kirche einbringen können, und mach sie zu einem Ort, an dem nicht Konkurrenz, sondern gegenseitige Bereicherung das Miteinander prägt. Darum bitten wir durch Christus, unseren Herrn.

Vor der Geißelsäule (Gotteslob 290)

1. Herzliebster Jesu, was hast du verbrochen, dass man ein solch hart Urteil hat gesprochen? Was ist die Schuld, in was für Missetaten bist du geraten?

2. Du wirst gegeißelt und mit Dorn gekrönet, ins Angesicht geschlagen und verhöhnet, du wirst mit Essig und mit Gall getränket, ans Kreuz gehenket.

3. Was ist doch wohl die Ursach solcher Plagen? Ach, meine Sünden haben dich geschlagen. Ich, mein Herr Jesu, habe dies verschuldet, was du erduldet.

4. Wie wunderbarlich ist doch diese Strafe! Der gute Hirte leidet für die Schafe; die Schuld bezahlt der Herre, der Gerechte, für seine Knechte.

San Prassede – Geißelsäule

23 Santo Stefano Rotondo

Via di S. Stefano Rotondo, 7

Diese Kirche, deren Grundsteinlegung ins 5. Jahrhundert zurückreicht, gehört zu den bemerkenswertesten Sakralbauten der römischen Spätantike. Sie wurde unter Papst Simplicius (468–483) geweiht und dem hl. Stephanus, dem ersten Märtyrer der Kirche, gewidmet. Seit 499 ist sie römische Titelkirche. Santo Stefano ist als Rundbau mit griechischem Kreuz angelegt und erinnert damit an die Grabeskirche in Jerusalem und an andere Märtyrerkirchen aus konstantinischer Zeit.

Ursprünglich hatte der Bau drei konzentrische Ringe, wobei der innere Ring (bis heute) aus 22 Säulen besteht und 22 Meter Durchmesser hat. Der Gesamtdurchmesser mit dem mittleren und äußeren Ring betrug ursprünglich 66 Meter. Bei der Restaurierung unter Innozenz II. (1130–1143) wurden der Zentralraum verkleinert und die Säulen zwischen dem inneren und dem äußeren Umgang in die neue Außenmauer eingefügt, sodass der heutige Bau nur noch einen Durchmesser von 46 Meter hat.

Im 6. Jahrhundert wurde die Kirche mit Mosaiken und farbigen Marmorplatten ausgestattet, die heute nicht mehr erhalten sind. Aus dem 7. Jahrhundert ist aber die Kapelle der Märtyrer Primus und Felicianus erhalten geblieben mit einem schönen Apsismosaik aus der Zeit um 649 (derzeit wegen Renovierung nicht zu besichtigen).

Seit 1580 gehört die Kirche dem von Jesuiten geleiteten *Collegium Germanicum et Hungaricum* in Rom. Sie ließen den Kirchenraum mit Fresken ausstatten, die das Leben und Leiden verschiedener christlicher Märtyrer zum Teil auf drastische Weise zeigen. Außerdem wurde eine Kapelle zu Ehren des hl. Stephan von Ungarn eingebaut. Spirituell strömt der Raum in seiner Zentriertheit Ruhe und Frieden aus, aber auch das Thema der Märtyrer ist präsent.

Santo Stefano Rotondo – Innenraum

Gebet / Meditation

In diesem Raum kann man in der Erhabenheit der Architektur Christus als Mitte unseres Glaubens und Lebens erkennen. Er ist die Quelle unseres Lebens, und gleichzeitig strömt alles auf ihn zu. Er ist die Mitte unserer Existenz. Gleichzeitig wird durch die Darstellung der grausamen Martyrien an den Wänden das Elend des christlichen Lebens sichtbar, das viele Christen auch heute noch erleiden.

„Jesus Christus ist das Ziel von allem und der Mittelpunkt, auf den hin alles strebt. Wer ihn kennt, kennt den Grund aller Dinge. Wer aber abirrt, der irrt nur, weil er eines dieser beiden Dinge nicht sieht. Man kann also sehr wohl Gott ohne sein Elend erkennen, und sein Elend ohne Gott; aber Jesus Christus kann man nicht erkennen, ohne beides zusammen zu erkennen: sowohl Gott wie sein Elend." (Blaise Pascal)

Herr, wir bitten dich: Sei du die Mitte unseres Lebens. Lass uns immer wieder in das Zentrum der eigenen Existenz vordringen, Zeiten finden, in denen wir zur Ruhe kommen können und einen Blick in unser Innerstes werfen, in dem du lebst und wirkst – manchmal ganz unscheinbar und still. Bei allen Sorgen und Problemen, die unser Leben belasten, wissen wir uns getragen von der Überzeugung, dass du da bist, „innerlicher als mein Innerstes und höher als mein Höchstes" (Augustinus). Diese Gewissheit gibt uns Kraft und Gelassenheit in den Stürmen unseres Lebens. Dafür danken wir dir heute und alle Tage.

Am Mosaik der Märtyrer Primus und Felicianus

Die Heiligen stehen neben dem Kreuz und sind genauso groß wie dieses. Über dem Kreuz sieht man ein Brustbild mit dem Antlitz Christi. Sie haben ihr Kreuz getragen und sind auf diese Weise Christus nachgefolgt. Aber nicht das Martyrium steht hier im Vordergrund – wie bei den anderen Darstellungen in dieser Kirche, die erst später hinzukamen –, sondern ihre Verherrlichung. Die heiligen Primus und Felicianus sind vor einem goldenen Hintergrund zu sehen, haben eine Schriftrolle in der Rechten und stehen auf einer mit Rosen und Lilien bedeckten Wiese, die den Lohn der Märtyrer symbolisieren. Nicht der Tod, sondern das Leben mit und in Christus wird uns hier vor Augen gestellt.

Allmächtiger Gott, du hast den heiligen Märtyrern Primus und Felicianus die Kraft geschenkt, für dein Wort und das Zeugnis von Jesus ihr Leben hinzugeben. Stärke uns mit dem Heiligen Geist, damit auch wir deine Botschaft gläubig hören und standhaft bekennen. Darum bitten wir durch Christus, unseren Herrn.

24 Santi Cosma e Damiano

Via dei Fori Imperiali, 1

Direkt an der *Via Sacra* des Forum Romanum gelegen, ist diese Kirche auf antike Gebäude aufgebaut bzw. in diese integriert worden. Ursprünglich stand hier die sogenannte „Flavische Halle", die in der Antike zunächst als Katasterbehörde genutzt wurde. Kaiser Maxentius (306–312) ließ zwischen dieser Halle und der *Via Sacra* einen runden Ziegelbau errichten, der später fälschlicherweise als „Romulus-Tempel" bezeichnet wurde.

Der ganze Gebäudekomplex wurde im 6. Jahrhundert unter Kaiser Theoderich (489–526) durch eine Apsiswand im Westen verkleinert und unter Papst Felix IV. (526–530) zur Nutzung als Kirche zur Verfügung gestellt. Weil vorher an dieser Stelle eine Art Zentrum zur medizinischen Versorgung der Bevölkerung untergebracht war, weihte Papst Felix im Jahr 527 die Kirche den Märtyrern Kosmas und Damian, die als „Anagyroi", also ohne Bezahlung tätige Ärzteheilige, im Osten verehrt wurden. Sie verdrängten damit symbolisch die bis dahin an diesem Ort verehrten Heilsgötter wie Castor, Apollon oder Äskulap.

Nach einem Erdbeben im Jahr 1600, bei dem der im Mittelalter errichtete Campanile auf die Apsis fiel, wurde die Kirche unter Urban VIII. (1623–1644) restauriert, wobei das Apsismosaik wiederhergestellt wurde.

Neben dem Apsismosaik, das um 530 entstand und zu den bedeutendsten frühchristlichen Kunstwerken in Rom zählt, ist als Bezugspunkt für das Gebet noch das Christusfresko aus dem 8. Jahrhundert zu nennen, das sich in der Kreuzkapelle (erste Kapelle rechts, direkt gegenüber vom heutigen Eingang) befindet.

Meditation / Gebet vor dem Apsismosaik

Christus, du stehst hier als Weltenrichter mit einem orientalisch anmutenden Gesicht im Zentrum des Geschehens. Auf einem bunten Wolkenteppich, der nach vorne hin immer bunter und breiter wird, schwebst du herab, als ob du Farbe ins Leben und auf die Erde bringen wolltest. Rechts und links von dir sehen wir die Apostelfürsten Petrus und Paulus – viel heller in ihrem Teint –, wie sie die beiden Ärzte Kosmas und Damian zu dir führen. Bei Kosmas (rechts) erkennt man die mit einem Kreuz verzierte rote Arzttasche über seinem linken Arm. Links von den beiden Gruppen schließt sich Felix IV. als Stifter mit Kirchenmodell an, und rechts der von Felix besonders verehrte hl. Theodorus, mit Märtyrerkranz und gekleidet als byzantinischer Würdenträger. Sein goldgemustertes Gewand zeigt die filigrane Kunst dieses Mosaiks. Die Palmen als Triumphzeichen deiner Märtyrer und die zwölf Schafe, die von rechts und von links aus Jerusalem und Betlehem auf die Mitte zu-

Santi Cosma e Damiano – Apsismosaik

strömen, runden dieses einmalige Kunstwerk ab. Als Detail sind noch die drei Bienen am linken unteren Bildrand (zwischen Felix und Damian) zu nennen. Sie sind ein Hinweis auf das Wappen von Papst Urban VIII., das in vielen Kirchen Roms (u. a. im Petersdom) anzutreffen ist und unter dem auch diese Kirche restauriert wurde. Die Farben, die Anmut der Gesichter, die Schönheit der Ausführung – alles fasziniert an diesem Mosaik und lädt zum Gebet ein.

Herr Jesus Christus, du hast die beiden Brüder Kosmas und Damian den Menschen als Helfer und Ärzte geschenkt. Sie haben ihren Dienst unentgeltlich aus Liebe und christlicher Fürsorge getan. Wir beten an diesem Ort für alle Menschen, die krank sind und nach Heilung suchen, aber auch für die vielen Pflegerinnen und Pfleger, Ärztinnen und Ärzte, die sich für die Kranken einsetzen und dabei menschliche und christliche Zuwendung an den Tag legen. Stärke sie in ihrem nicht immer leichten Dienst und gib den Kranken neue Kraft und Hoffnung – auch in scheinbar ausweglosen Situationen. So wie du, Christus, auf diesem Mosaik als heilender Weltrichter Farbe und Hoffnung ins Leben bringst, mögest du heute Farbe und Hoffnung ins Leben vieler Kranken bringen, der du lebst und herrschst in Ewigkeit.

Am Christusfresko in der Kreuzkapelle

Herr Jesus Christus, als lebendiger Herrscher stehst du mit ausgebreiteten Armen und breitbeinig vor dem Kreuz. Ja, du stehst tatsächlich davor als Herr mit langer Tunika und Königskrone, du hängst nicht an ihm als leidender Knecht. Zwar sind an deinen Händen und Füßen die Wundmale noch zu erkennen, doch es ist sichtbar, dass du das Kreuz schon überwunden hast, dass du über das Kreuz triumphierst. Ein solches Kreuz macht keine Angst, sondern bringt vielmehr zum Ausdruck, dass wir keine Angst zu haben brauchen, wenn wir einmal unser Kreuz zu tragen haben. Denn wir wissen: Du stehst hinter uns und schließt uns in deine Arme. Dafür danken wir dir in Ewigkeit.

Santi Cosma e Damiano – Christusfresko in der Kreuzkapelle

25 Santa Francesca Romana (Sancta Maria Nova)

Piazza Santa Francesca Romana, 4

Als nach dem Erdbeben von 847 die Kirche Santa Maria Antiqua baufällig wurde, erbaute man an der gegenüberliegenden Seite des Forums auf den Ruinen des Tempels der Venus und der Roma eine neue Marienkirche, der man den Namen *Sancta Maria Nova* gab. Es handelte sich um eine dreischiffige Säulenbasilika, die 1161 durch den Anbau eines Querschiffs, die Erneuerung der Apsis und einen wunderschönen Campanile erweitert wurde. Aus dieser Zeit stammt auch das noch heute erhaltene Apsismosaik mit der Darstellung Marias mit den sie umgebenden Aposteln Petrus, Andreas, Johannes und Jakobus. 1425 gründete in dieser Kirche die Römerin Francesca de' Ponziani – besser bekannt als Francesca Romana – eine neue Kongregation von Oblatenschwestern. Da die Heilige nach ihrem Tod in der Kirche begraben wurde, erhielt die Kirche ihren Namen. Sie ist neben Stephanus und Laurentius eine der Schutzpatrone der Stadt Rom. Im 17. Jahrhundert wurde die Kirche von Grund auf barockisiert und in einen einschiffigen Kirchenraum mit vier Längskapellen umgestaltet, sodass heute die mittelalterlichen Formen kaum noch zu erkennen sind. Die Confessio wurde dabei von Bernini entworfen.

In der Sakristei wird heute die Marienikone *Madonna del Conforto* („Madonna des Trostes") gezeigt. Sie stammt aus der alten Marienkirche und ist vom Typ her eine *Hodegetria* („Wegführerin"). Außerdem ist noch auf die beiden Steinreliquien hinzuweisen, die angeblich die Abdrücke der Knie des Petrus zeigen, als dieser auf der *Via Sacra* hinkniete, um dafür zu beten, dass den Zauberkünsten des Magiers Simon Magus Einhalt geboten werde.

Santa Francesca Romana– Apsismosaik

Vor dem Apsismosaik

Zwei Brüderpaare umgeben dich, Maria. Petrus und Andreas auf der einen, Jakobus und Johannes auf der anderen Seite. Sie weisen mit ihrer rechten Hand auf dich und deinen Sohn und haben Schriftrollen in der jeweils anderen Hand. Dein Gesicht ist voll und majestätisch, mit einem Anflug von Rot auf den Wangen. Du kannst dir deiner Bedeutung gewiss sein.

Maria, du bist die Königin der Welt, weil du den Erlöser geboren hast, wie es auch in der Inschrift des Mosaiks heißt: „Die heilige Gottesmutter hält in ihrem Schoß den Himmel und die erneuerte Erde. Die Auserwählten begleiten die Herrin." Lass uns dich auch begleiten, denn du hast uns den Weg zu Jesus gezeigt. Durch dein Vertrauen und deine Hingabe bist du zur Mutter aller Glaubenden und zum Urbild der Kirche geworden. Lass uns zusammen mit dir unseren Herrn Jesus Christus anbeten, heute und in Ewigkeit.

Gebet

Allmächtiger Gott, die heilige Franziska von Rom hat uns in der Ehe wie auch im Ordensstand ein Beispiel christlichen Lebens gegeben. Gib deinen Gläubigen die Gnade, in jedem Stand und Beruf dir treu zu dienen, stets auf dich zu schauen und deiner Führung zu folgen. Darum bitten wir durch Jesus Christus, unseren Herrn. (Tagesgebet vom Gedenktag der hl. Francesca Romana)

An der Marienikone Madonna del Conforto

Fast eine naive Malerei haben wir hier vor uns. Es ist aber eine Ikone aus dem 6. Jahrhundert. Über dem Gesicht Marias, noch mehr aber über das des Jesuskindes ist eine Art Schleier gelegt. Maria schaut uns mit riesengroßen Augen an, Jesus hingegen ist verborgen. Es ist, als ob Maria sagen wollte: „Versteht ihr, was das zu bedeuten hat? Der Retter der Welt in meinen Armen?"

Herr, lass uns dich auch unter dem Schleier der Verborgenheit erkennen. Du zeigst dich nicht immer deutlich. Umso mehr müssen wir festhalten an dem, was du uns offenbart hast. Maria kann uns hier ein Vorbild sein, ein Vorbild des Glaubens wider alle Erkenntnis. Denn Glaube bedeutet: „Feststehen in dem, was man erhofft, Überzeugtsein von Dingen, die man nicht sieht" (Hebr 11,1). Lehre uns, so zu glauben, Herr. Darum bitten wir durch Christus, unseren Herrn.

Santa Francesca Romana – Marienikone

26 Pantheon (Sancta Maria ad Martyres)

Piazza della Rotonda

Dieser architektonisch einmalige Bau ist eines der größten Wunderwerke der Antike. So, wie wir ihn heute sehen, geht er auf die Regierungszeit Kaiser Hadrians (117–138) zurück und wurde zwischen 118 und 125 wahrscheinlich von Apollodorus von Damaskus (65–130), dem leitenden Architekten Kaiser Trajans (98–117), errichtet. Es gab aber einen Vorgängerbau, den Konsul Marcus Agrippa, der Schwiegersohn von Kaiser Augustus, zwischen 27 und 25 v. Chr. errichten ließ. Noch heute kann man die Inschrift auf dem Architrav der Vorhalle erkennen: M(arcus) AGRIPPA L(ucii) F(ilius) CO(n)S(ul) TERTIUM FECIT – „Marcus Agrippa, Sohn des Lucius, zum dritten Mal Konsul, hat es erbaut". Ergreifend an dem Bau sind zunächst einmal die formvollendeten Ausmaße. Die Rotunde hat innen einen Durchmesser von circa 43 Metern und eine lichte Höhe von ebenfalls circa 43 Metern. Die Kuppel bildet die obere Hälfte einer Kugel, sodass sie – wenn man sie sich nach unten verlängern würde – den Innenraum genau an einem Punkt auf dem Boden berühren würde. Michelangelo soll die Kuppel des Petersdomes aus Respekt vor diesem Meisterwerk der Antike ganz bewusst einige Zentimeter kleiner geplant haben. In der Kuppel selbst ist eine 8 Metern breite Lichtöffnung zu sehen, durch die an Pfingsten Rosenblätter geworfen werden, um an die Feuerzungen des Hl. Geistes zu erinnern, die auf die Apostel herabkamen (Apg 2,1–11). Die 6 Metern hohe, originale Bronzetür aus der Antike und der Marmorboden, der sich zur Mitte absenkt, um das Regenwasser in der Mitte zu sammeln, komplettieren den überwältigenden Gesamteindruck des Gebäudes.

Es wurde viel über den Verwendungszweck des antiken Baus spekuliert. Er könnte entweder als Kaiseraula gedacht gewesen sein, in der die

M·AGRIPPA·L·F·COS·TERTIVM·FECIT

Statuen der Kaiser und der Hausgötter der Julier aufgestellt waren. Wahrscheinlicher ist aber die Verwendung als Tempel zur Verehrung der Gestirngötter Sol, Luna, Mercurius, Jupiter, Saturn, Mars und Venus, was durch die architektonischen Bezüge zum Himmel (Öffnung in der Kuppel, aufstrebende Kassetteninnenseite der Kuppel, Einfall des Sonnenlichtes etc.) gut begründet werden kann. Allerdings wurde kein Opferaltar gefunden.

Im 7. Jahrhundert wurde der seit dem Ende des 5. Jahrhunderts leerstehende Tempel vom oströmischen Kaiser Phokas Papst Bonifaz IV. (608–615) geschenkt, der ihn ohne architektonische Veränderungen als Kirche einrichten ließ und Maria sowie den christlichen Märtyrern weihte. Seit dem Tag der Kirchweihe (13. Mai 609/610) wurde hier aller Heiligen gedacht. Hervorzuheben ist auch, dass die Kirche nicht nach Osten, sondern nach Süden ausgerichtet ist, weil die ursprüngliche Ausrichtung des antiken Baus eingehalten werden sollte. Die Bronzebeschläge der Decke in der Vorhalle wurden unter dem Barberini-Papst Urban VIII. 1632 abgenommen und dienten zum Teil dem Guss von 80 Kanonen zur Verteidigung der Engelsburg, zum Teil der Verkleidung des Baldachins von Bernini im Petersdom. Seitdem kursiert der berühmte Satz: „Quod non fecerunt barbari, fecerunt Barberini." – „Was die Barbaren nicht geschafft haben, haben die Barberini geschafft." Im Inneren der Kirche sind sowohl die italienischen Könige Victor Emmanuel II. und Humbert I. als auch der berühmte päpstliche Hofmaler *Raffaelo Santi* begraben.

Vom geistlichen Programm her steht im Pantheon zum einen das Gedächtnis aller Heiligen im Mittelpunkt, zum anderen aber auch – durch die himmelsstrebende Architektur – die Schöpfung Gottes. Zu den Gebeten versammelt man sich am besten mitten im Raum.

Gebet zum Gedächtnis Allerheiligen

Allmächtiger, ewiger Gott, du allein bist heilig, dich ehren wir, wenn wir der Heiligen gedenken, die uns vorangegangen sind im Glauben. Es gibt so viele unterschiedliche Heilige: Frauen und Männer, Erwachsene und Kinder, Märtyrerinnen und Bekenner, Kirchenlehrer und einfache Ordenschristen, Menschen mit Mut, aber auch Menschen mit Zweifeln. Alle haben auf ihre Weise deine Größe bezeugt, weil sie dich geliebt haben. Wir glauben, dass deine Heiligen bei dir leben und Leid und Tod sie nicht mehr berühren. Lass uns erfahren, dass sie uns nahe bleiben und für uns eintreten, und mach uns immer wieder die eigene Berufung zur Heiligkeit bewusst.

An diesem Ort wollen wir dich zudem für die vielen Märtyrerinnen und Märtyrer bitten, die heute an verschiedenen Orten der Welt getötet werden. Sie geben ihr Leben für Christus hin, nur weil sie ihren Glauben ausüben. Gib deiner

Kirche zu jeder Zeit Menschen, die durch ihr Lebenszeugnis Brückenbauer zwischen den Religionen sein können und zur Versöhnung beitragen, und schenke der Welt deinen Frieden. Darum bitten wir durch Christus, unseren Herrn.

Himmelsgebet

Es gibt ihn, den Ort, wo der Himmel die Erde berührt und man sich Gott ganz nahe fühlt.

Es gibt ihn, den Ort, wo die Sonnenstrahlen von oben in einen Kirchenraum einfallen und von dort als Wärme und Liebe Gottes in mein Herz kommen.

Es gibt ihn, den Ort, an dem Regentropfen durch eine Öffnung in der Decke fallen und so ein Bild sind für den fruchtbaren Segen Gottes.

Es gibt ihn, den Ort, an dem man staunt vor einer architektonischen Meisterleistung und Gott dankt für das Genie der Menschen.

Es gibt ihn, den Ort, an dem man sich den Heiligen näher fühlt und dadurch selbst neue Kraft schöpft für das eigene Glaubenszeugnis in der Welt.

Es gibt ihn, den Ort, an dem Menschen sich vergessen und damit zur Brücke zum Himmel werden können.

Lied (Gotteslob 834 – Diözesananhang Fulda)

Wo Menschen sich vergessen, die Wege verlassen und neu beginnen, ganz neu, da berühren sich Himmel und Erde, dass Frieden werde unter uns, da berühren sich Himmel und Erde, dass Frieden werde unter uns.

Wo Menschen sich verschenken, die Liebe bedenken und neu beginnen, ganz neu, da berühren sich …

Wo Menschen sich verbünden, den Hass überwinden, und neu beginnen, ganz neu, da berühren sich …

Da berühren sich Himmel und Erde (Wo Menschen sich vergessen)
Text: Thomas Laubach; Musik: Christoph Lehmann

27 Santa Maria in Cosmedin (Sancta Maria in Schola Graeca)

Piazza della Bocca della Verità, 18

Der schöne Campanile aus dem Mittelalter (12. Jahrhundert) lässt diese Kirche schon von Weitem erkennen. In der Antike war an dieser Stelle gleich neben dem wichtigen Viehmarkt (Forum Boarium) ein Getreidemarkt, dessen korinthische Säulen aus dem 1. Jahrhundert n. Chr. teils noch im Inneren der Kirche zu sehen sind. Um 580 wurde in die antike Säulenhalle eine kleine Kirche mit Ostapsis eingebaut, die unter Papst Hadrian I. (772–780) zu einer dreischiffigen Basilika erweitert wurde. In dieser Zeit kamen auch – als Folge des byzantinischen Bildersturmes – griechische Mönche und Kaufleute nach Rom und wurden in dieser Gegend am Tiber angesiedelt. So entstand hier allmählich ein griechisches Viertel. Der Name „Cosmedin" hängt ebenfalls mit dem griechischen Einfluss zusammen, insofern das Wort *„kosmein"* („schmücken") auf den kostbaren Innenschmuck der Kirche anspielt, der damals eingefügt wurde. In diesem Zusammenhang sind auch der Cosmaten-Fußboden, die *Schola cantorum* mit den beiden Ambonen für Epistel und Evangelium, der Osterleuchter, der schon erwähnte Campanile und die Wandmalereien mit Szenen aus dem Buch Daniel und dem Leben Karls des Großen zu nennen, die alle im Lauf des 12./13. Jahrhunderts hinzugefügt wurden und der Kirche bis heute ein mittelalterliches Gepräge geben. Barocke Einbauten wurden im 19. Jahrhundert beseitigt.

Neben dem Mosaikfragment aus dem Jahr 706, das in der Sakristei aufbewahrt wird und die linke Bildhälfte einer Anbetung der Magier zeigt, ist ein Anziehungspunkt vor allem die berühmte *Bocca della Verità* (Mund der Wahrheit), eine riesige Marmorscheibe mit einem Durchmesser von 1,65 Metern, die mehr als 2000 Jahre alt ist und entweder zu einem Altar des benachbarten Herkulestempels gehörte oder ein profaner Kanaldeckel

war, durch dessen fünf Öffnungen das Abwasser in die unterirdisch verlaufende *Cloaca Maxima* ablaufen konnte. Seit dem 17. Jahrhundert befindet sich die Scheibe in der Vorhalle der Kirche und wird als Wahrheitsanzeiger benutzt, indem man seine Hand in den Mund der Scheibe legt – in der Hoffnung, sie wieder herausziehen zu können, wenn man nicht gelogen hat (übrigens ein Volksglaube, der sich schon in der Spätantike nachweisen lässt).

Die Kirche dient heute der melkitischen griechisch-katholischen Kirche als Gottesdienstraum, sodass die Ökumene mit der Ostkirche genauso im Zentrum der Betrachtung stehen kann wie unser Verhältnis zur Wahrheit. Das Gebet um Wahrhaftigkeit sollte am besten vor oder in der Kirche gesprochen werden, nicht in der Vorhalle.

Aus der Jakobusliturgie

„O Gott Vater, du bist gut, weit über den Begriff alles Guten. Du bist schön, weit über den Begriff alles Schönen, in dir ist Ruhe und Frieden; schlichte alle Zwietracht, die uns voneinander trennt, und führe uns zurück in die Einheit der Liebe, die Ähnlichkeit mit deiner erhabenen Natur haben kann. Gib, dass wir geistig eins seien, sowohl in uns selbst als in den anderen."

Diese Worte aus der Jakobusliturgie, die in den östlichen Kirchen gefeiert wird, mögen uns an diesem Ort, an dem griechische Mönche und Bauleute einen wunderschönen Kirchenraum geschaffen haben, daran erinnern, wie wichtig es ist, auf dem Weg zur Einheit der Christen immer wieder mutig neue Schritte nach vorne zu machen. Vergib uns, wenn wir im ökumenischen Gespräch nur an uns selbst gedacht haben, heile unsere Zerrissenheit, eine uns in deiner Wahrheit und erhalte unsere Einigkeit durch das Band des Friedens. Darum bitten wir durch Christus, unseren Herrn.

Gebet um Wahrhaftigkeit

Herr Jesus Christus, der „Mund der Wahrheit", der an diesem Ort viele Touristen aus aller Welt anzieht, kann für uns eine Einladung sein, tiefer über unser Verhältnis zur Wahrheit nachzudenken. Du hast selbst von dir gesagt: „Ich bin der Weg, die Wahrheit und das Leben" (Joh 14,6). Die Wahrheit hat für uns Christen also einen Namen. Lass uns erkennen, dass wir immer dann ganz nah an der Wahrheit sind, wenn wir uns an dir und deiner Botschaft orientieren. Schenke uns Verständnis dafür, dass es nicht nur darauf ankommt, immer korrekt zu sprechen und niemanden zu täuschen, sondern vor allem darauf, innerlich wahrhaftig, ehrlich und authentisch zu sein. Öffne unser Herz für die Erkenntnis, dass die Wahrheit frei macht und wir uns immer tiefer in Schuld und Probleme verstricken, je unwahrhaftiger wir sind. Gib uns die Kraft, unser Leben so anzunehmen, wie es ist, nichts zu beschönigen und niemanden zu belügen, um selbst besser dazustehen. Befreie uns von Wichtigtuerei und schenke uns ein ehrliches Lächeln, das aus einem reinen Herzen kommt. Der du lebst und herrschst in Ewigkeit.

28 San Giorgio in Velabro

Via del Velabro, 19

Zwischen römischem Rindermarkt (Forum Boarium) und Forum Romanum gelegen, baut diese kleine Kirche auf den Überresten einer christlichen Diakonie aus dem 5./6. Jahrhundert auf. Ihr Name zeugt zum einen vom Patrozinium des hl. Georg, dessen Kult durch die griechische Bevölkerung in diesem Stadtteil sich im 8. Jahrhundert auch in Rom verbreitete, zum anderen auf das Sumpfgebiet am Tiber (Velabrum), das seit dem Bau der Cloaca Maxima trockengelegt worden war. Zu der christlichen Diakonie, eine Art Armen- und Krankenpflegeeinrichtung der Spätantike, gehörte eine kleine Kirche, die um 685 in einen Saal mit Apsis eingebaut worden war. Später wurde dann unter Papst Gregor IV. (827–844) auf dem gesamten Areal der frühchristlichen Diakonie eine

San Giorgio in Velabro

dreischiffige Säulenbasilika errichtet (um 830), welche die unregelmäßig verlaufenden Grundstücksgrenzen der Diakonie aufnimmt, weswegen die Kirche bis heute eine unregelmäßige Form hat. Anfang des 13. Jahrhunderts wurden der Portikus und der schöne Campanile errichtet.

Im Inneren ist neben dem Apsismosaik aus der Schule Pietro Cavallinis (1295) mit den Heiligen Maria, Georg, Petrus und Sebastian vor allem das Ciborium des Hochaltars (um 1150) als Ausstattungsstück zu nennen. Unter dem Altar befindet sich in der Confessio ein Stück der Schädelplatte des hl. Georg. Am 28. Juli 1993 zerstörte eine Autobombe die Vorhalle von San Giorgio und beschädigte große Teile der Kirche. Durch die Restaurierung erstrahlt sie aber jetzt in neuem Glanz.

Als Punkt der Betrachtung und des Gebets bietet sich hier zum einen der hl. Georg an, zum anderen das Bewusstsein für die christliche Diakonie als Grundvollzug der Kirche.

Gebet im Gedenken an den hl. Georg

Starker Gott, beim Gedenken an den hl. Georg preisen wir deine Macht. Auf seine Fürsprache hin stehe uns bei in jeder Not. Wie er der Legende nach mit dem Drachen gekämpft hat, so haben auch wir manche Kämpfe zu bestehen. Und manchmal empfinden wir unsere Gegner als übermächtig – die Umstände, die Not, die Schicksalsschläge, das Böse, das man uns antut. Lass uns darauf vertrauen, dass du immer bei uns bist und wir mit dir die Kämpfe unserer Zeit, aber auch die persönlichen geistlichen Kämpfe durchstehen und gestärkt daraus hervorgehen können. Darum bitten wir durch Christus, unseren Herrn.

Gebet um ein diakonisches Bewusstsein in der Kirche

Hier an diesem Ort war schon in frühester Zeit eine christliche Diakonie untergebracht. Von Anfang an gehörte der Einsatz für die Armen, Obdach-

losen und Kranken zu den Hauptaufgaben der Kirche. Herr, schenke uns immer wieder neu den Blick für die Not in der Welt und in unserer unmittelbaren Umgebung. Auch hier in Rom gibt es viel Not. Öffne uns die Augen für die Armen und Kranken, öffne unsere Herzen für ihre schwere Situation und gib uns Kraft, ihnen immer wirksam zu helfen – nicht nur materiell, sondern auch durch Anerkennung, ein freundliches Wort oder eine liebende Geste, die sie als Menschen wertschätzt. Lass die diakonische Arbeit immer im Zentrum unseres Handelns als Christen stehen. Darum bitten wir durch Christus, unseren Herrn.

San Giorgio in Velabro – Apsis

III. WEITERE BEDEUTENDE KIRCHEN AUS VERSCHIEDENEN EPOCHEN

29 Sant'Agnese in Agone

Piazza Navona

An einem der schönsten und meistbesuchten Plätze Roms steht diese hochbarocke Kirche, die von Papst Innozenz X. (1644–1655) in Auftrag gegeben wurde. Sie hat eine wechselvolle Baugeschichte, wurde aber in ihren wesentlichen Teilen von Francesco Borromini (1599–1671) von 1654–1657 erbaut und von Carlo Rainaldi 1672 vollendet. Die Kirche mit ihrer (von Bernini veränderten) Fassade komplettiert den heutigen barocken Gesamteindruck der Piazza Navona.

Im Altertum stand hier das Stadion des Kaisers Domitian mit circa 30.000 Plätzen, 275 Metern Länge und 105 Metern Breite, in dem zahlreiche Wettkämpfe stattfanden. Das gab dem Platz auch seinen Namen: *campus agonis* (Wettkampfplatz). Im Mittelalter wurde dieser Platz als Marktplatz benutzt, und bis ins 18. Jahrhundert ließ man an heißen Sommertagen (den sogenannten *Inondate*) die Brunnen überlaufen und den gesamten Platz mit Wasser bedecken.

Nach alten Überlieferungen soll die hl. Agnes im Jahre 304 im Stadion des Domitian das Martyrium erlitten haben. Ein zu ihrer Ehre eingerichtetes Oratorium ist erstmals für das 8. Jahrhundert bezeugt. 1123 wurde das Oratorium zu einer kleinen Basilika erweitert. Die hl. Francesca Romana, deren Vater in dieser Kirche begraben ist, wurde hier getauft. Die heutige Kirche aus dem 17. Jahrhundert besticht durch ihre reich gegliederte, konkave Fassade, zwei zierliche Türme und eine mächtige Kuppel. Das Innere ist ein Zentralbau, wobei die Querachse besonders betont wird. In der Krypta befinden sich Ausgrabungen des alten

Sant'Agnese in Agone bei Nacht

Stadions Domitians mit drei Zimmern, die als Ort des Martyriums der hl. Agnes gelten, während sich ihr Grab in der (schon beschriebenen) Kirche Sant'Agnese fuori le Mura befindet.

Als Meditation bietet sich hier an der Piazza Navona zum einen das Zeugnis der Märtyrerinnen, zum anderen das Zusammenspiel von Spiel (Wettkampf) und Glaube an.

Meditation 1 (Martyrium)
Grausame Wettkämpfe haben jahrhundertelang hier vor der Kirche stattgefunden. An diesem Ort hat der Überlieferung nach auch die hl. Agnes den Tod gefunden. Sie ist eine der frühen römischen Märtyrerinnen und wurde sehr bald liturgisch verehrt. So wird ihr Name bis heute im ersten Hochgebet, dem alten römischen Kanon, genannt. Agnes steht dort in einer Reihe mit anderen mutigen Frauen wie Felizitas, Perpetua, Lucia, Agatha, Cäcilia oder Anastasia, die alle im Glauben an ihren Herrn Jesus Christus das Martyrium erlitten haben.

Herr, unser Gott, auch heute sterben viele Frauen, Kinder und Männer für den christlichen Glauben. Gib ihnen die ewige Seligkeit bei dir und schenke sie uns als Vorbilder für unseren Glauben. Darum bitten wir durch Christus, unseren Herrn.

Meditation 2 (Wettkampf)
Das Stadion des Domitian steht nicht nur für das Martyrium, sondern auch für Freude und Ausgelassenheit, Wettkampf und Sport. Beten wir dafür, dass alle sportlichen Wettkämpfe, die heute ausgetragen werden, ehrlich und in einer frohen Gelassenheit geschehen. Der Geist des Sich-Miteinander-Messens soll nicht dazu führen, den anderen schlechtzumachen oder zu erniedrigen. Fairness, Ehrlichkeit und die Bereitschaft zu verlieren gehören ebenso zum Wettkampf wie Ehrgeiz und Siegeswillen.

Der Apostel Paulus schreibt, dass auch der Glaube als ein geistlicher Wettkampf verstanden werden kann: „Wisst ihr nicht, dass die Läufer im Stadion zwar alle laufen, aber dass nur einer den Siegespreis gewinnt? Lauft so, dass ihr ihn gewinnt! Jeder Wettkämpfer lebt aber völlig enthaltsam; jene tun dies, um einen vergänglichen, wir aber, um einen unvergänglichen Siegeskranz zu gewinnen." (1 Kor 9,24–25)

Herr und Gott, lass uns nach dem unvergänglichen Preis der Liebe und Gerechtigkeit streben und immer dazu beitragen, dass im Kräftemessen miteinander Anstand und Fairness gewahrt bleiben. Darum bitten wir durch Christus, unseren Herrn.

Sant'Agnese in Agone – Kuppel

30 Sant'Agostino

Piazza di Sant'Agostino

Diese Kirche, die ganz in der Nähe der Piazza Navona in einer Seitenstraße liegt, besticht von außen vor allem durch ihre Renaissancefassade. Die Augustiner, die schon seit 1286 hier einen Konvent hatten, konnten erst 1446 nach über hundertjähriger Bauzeit eine Kirche einweihen. Ihre heutige Gestalt bekam sie aber in der Zeit von 1479 bis 1483 und ist damit eine der ersten römischen Kirchen im Stil der Renaissance.

Im Inneren fallen einige Kunstwerke auf, die zugleich Gebetsorte sein können. Es sollen nur drei genannt werden. Da ist zum einen direkt rechts hinter dem Hauptportal die vor allem bei den Römerinnen sehr beliebte *Madonna del Parto* von *Jacopo Sansovino* (1486–1570), die zum Gebet für eine gute Geburt einlädt und deswegen jahrhundertelang von vielen schwangeren Frauen besucht wurde. Ihr linker Fuß ist durch die Berührungen derart abgenutzt, dass er inzwischen mit einem Silberüberzug geschützt wurde. Die Darstellung ist insofern etwas untypisch, als normalerweise dieser Typ von Madonna als schwangere Frau dargestellt wird. Hier hat sie jedoch das Kind schon auf dem Schoß. Bemerkenswert sind auch an der dritten Säule links im Hauptschiff die Darstellung des Propheten Jesaja von *Raffael* (1483–1520), der sich dabei an den Fresken der Propheten von Michelangelo in der Sixtinischen Kapelle orientierte, sowie darunter die schöne Anna-selbdritt-Gruppe (Anna, Maria, Jesus), die ebenfalls von Jacopo Sansovino stammt. Schließlich sei noch das Bild *Madonna di Loreto* bzw. *Madonna dei Pellegrini* in der *Cappella Cavalletti* im linken Seitschiff in der ersten Kapelle genannt, ein Bild Caravaggios, das durch seine typischen Hell-Dunkel-Kontraste geprägt ist.

Geistliches Zentrum ist gleich links vom Chorraum die *Cappella di Santa Monica*, in der die Mutter des hl. Augustinus begraben liegt.

Während der große Kirchenlehrer seine letzte Ruhestätte in Pavia gefunden hat, wurden die Gebeine der hl. Monika, die zuvor 1000 Jahre in Ostia (dem Ort ihres Todes) gelegen hatten, 1424 hierhergebracht. So bietet sich die Kirche zum einen zu Meditationen im Geist des hl. Augustinus und der hl. Monika an, zum anderen können aber auch die beiden Madonnen Orte des Gebets sein.

In der „Cappella di Santa Monica"

Monika war eine Frau, die fest auf Gott vertraute und deshalb miterleben durfte, dass ihr Sohn Augustinus sich taufen ließ und Christ wurde. Mehr brauchte sie nicht. Die große Karriere ihres Sohnes zu einem der bedeutendsten Kirchenlehrer der Christenheit hat sie nicht mehr erlebt. Ihr bedingungsloser Glaube zeigt sich auch bei ihrem Sterben, als sie zu ihren Söhnen sagte: „Begrabt diesen Leib wo immer, er soll euch keine Sorgen machen. Nur um das eine bitte ich euch, dass ihr am Altar des Herrn meiner gedenkt, wo ihr auch seid." Sie war fest davon überzeugt: „Nichts ist fern von Gott, es ist auch nicht zu fürchten, dass er beim Ende der Welt nicht wüsste, wo er mich erwecken soll" (Confessiones IX,11).

Sant'Agostino – Grab der Heiligen Monika

Herr und Gott, du hast uns in der hl. Monika eine große Frau des Glaubens geschenkt. Du hast auf ihre Tränen geschaut, ihr Flehen erhört und ihrem Sohn Augustinus die Gnade der Bekehrung geschenkt. Du hast ihr aber auch ein großes Vertrauen im Hinblick auf den Tod gegeben, denn bei ihrem Sterben war ihr gleich, an welchem Ort sie begraben wird. Nun liegt sie hier in dieser Kapelle, und wir bitten dich: Schenke uns den Glauben und das Vertrauen dieser Frau, damit wir in unserem Leben alle Hindernisse und Ängste im Bewusstsein überwinden können, dass du Macht hast, Herzen zu bewegen.

Herr und Gott, an diesem Ort denken wir auch an den großen Kirchenvater Augustinus, der dich spät geliebt hat, aber durch sein Leben und seine Schriften deutlich machen konnte, was es heißt, dich zu lieben. Erwecke in deiner Kirche aufs Neue den Geist, mit dem du ihn erfüllt hast. Gib auch uns die Sehnsucht nach dir, dem Quell der wahren Weisheit und dem Ursprung der Liebe. Darum bitten wir durch Christus, unseren Herrn.

Beten wir mit den Worten des hl. Augustinus: „Spät habe ich dich geliebt, du Schönheit, ewig alt und ewig neu, spät habe ich dich geliebt. Und siehe, du warst innen, und ich war draußen, und ich suchte nach dir … Du warst bei mir, ich war nicht bei dir. Was doch nicht wäre, wäre es nicht in dir: Das eben zog mich weit von dir. Du hast mich gerufen und meine Taubheit zerrissen; du hast geblitzt, geleuchtet und meine Blindheit verscheucht; du hast Duft verbreitet, und ich sog den Hauch und schnaube jetzt nach dir; ich habe gekostet, nun hungere ich und dürste; du hast mich berührt, und ich brenne nach dem Frieden in dir" (Confessiones X,27).

An der „Madonna del Parto"

Maria, du hast einst Jesus in deinem Leib getragen, hast Schmerzen durchgestanden, bist weite Wege gegangen und hast schließlich in einer kalten Nacht den Herrn der Welt geboren. Deshalb bist du Fürsprecherin aller Frauen, die

Sant'Agostini – Madonna del Parto

vor der Geburt eines Kindes stehen. Du kennst die Unsicherheiten, Ängste und Zweifel in dieser Zeit, aber auch die Hoffnung und freudige Erwartung. Wir bitten dich für alle Frauen, die ein Kind erwarten, um eine gute Geburt ihres Kindes. Schenke ihnen eine gute Schwangerschaft und lass Mutter und Kind die Geburt gesund überstehen. Lass uns alle staunen vor dem Wunder der Schöpfung, das im Mutterleib heranwächst. Gib den Frauen die Kraft, manche Schmerzen der Schwangerschaft auszuhalten, und lass sie in froher Erwartung der Geburt entgegensehen. Gib ihnen Menschen an die Seite, die sie in dieser Zeit begleiten, so wie einst Josef dich begleitet hat. So hilf, Maria, allen Frauen in der Zeit ihrer Schwangerschaft und lass sie ganz auf deinen Sohn vertrauen. Darum bitten wir durch Christus, unseren Herrn.

An der „Madonna dei Pellegrini"

Maria, du bist die Mutter der Pilger. Wie einst die Hirten und die Weisen aus dem Morgenland zur Krippe deines Sohnes gekommen sind, um ihn anzubeten, so sind auch heute viele Menschen unterwegs auf der Suche nach deinem Sohn Jesus Christus, aber vielleicht auch nach sich selbst oder nach dem Sinn des Lebens. Du wendest dich den Pilgern zu, wie auf diesem Bild wunderschön zu sehen ist. Du zeigst ihnen deinen Sohn. Und sie fallen nieder und beten ihn an, dankbar dafür, das Ziel ihres Weges gefunden zu haben.

Wir bitten dich, Maria, um deinen Schutz und deine Fürsprache für alle Menschen, die unterwegs sind, und für alle Suchenden. Lass sie die Gegenwart Gottes erfahren, auch in den kleinen Dingen des Alltags und bei allem, *was sie unterwegs erleben. Schütze sie vor allen Gefahren und bewahre sie vor jedem Unfall. Führe sie glücklich ans Ziel ihrer Reise und lass sie wieder unversehrt nach Hause zurückkehren. Darum bitten wir durch Christus, unseren Herrn.*

Sant'Agostini – Madonna dei Pellegrini, Caravaggio

31 Santi Bonifacio e Alessio

Piazza S. Alessio

Diese auf dem höchsten Punkt des Aventin gelegene Kirche geht in ihren Ursprüngen auf das 4. Jahrhundert zurück. Ihr heutiges Aussehen hat sie indes bei einer barocken Restaurierung im 18. Jahrhundert bekommen. Aus dem Mittelalter erhalten sind aber die bemerkenswerte Cosmatentür und der weithin sichtbare romanische Campanile. Die im Volksmund heute meist nur Sant' Alessio genannte Kirche (so auch die Tafel am Eingang) ist eigentlich zwei Heiligen geweiht, deren Leben uns allerdings nur in Legenden erhalten ist: zum einen dem hl. Bonifatius, der sich als Sklave der reichen Römerin Aglae, die als Stifterin der Kirche gilt, nach einem ausschweifenden Leben mit ihr bekehrte und um 306 das Martyrium erlitten haben soll. In der Volksfrömmigkeit gehört er zu den Eisheiligen, weil sein Gedenktag am 14. Mai in die Zeit der letzten Nachtfröste im Frühling fällt. Der in Deutschland weitaus bekanntere Winfried Bonifatius (674–754), Apostel der Deutschen, hat von Papst Gregor II. den Namen dieses Märtyrers bekommen, als er zur Germanenmission ausgesandt wurde. Der andere Heilige ist der bei den Römern sehr beliebte hl. Alexius, der die vornehme Römerin Sabina geheiratet haben soll, aber noch in der Nacht seinen Ehering zurückgab, fortging und als Bettler 17 Jahre vor einer Kirche in Edessa gelebt haben soll. Als er nach langen Irrungen und Wirrungen wieder nach Rom zurückkam, beschloss er, unerkannt als Fremdling im Haus seines

Vaters unter einer Treppe zu leben. Erst kurz vor seinem Tod gab er seiner Familie seine Identität zu erkennen. Man kann ihn somit als Heiligen der Verborgenheit ansehen, was in unserer Zeit eine nicht geringe Bedeutung hat. Das Leben unter der Treppe ist als Altarbildnis in der Kirche gleich links vom Eingang über dem Altar des hl. Alexius zu sehen.

Im Mittelalter war die Kirche zeitweise wichtiges Zentrum der Mission. Der hl. Adalbert von Prag lebte hier von 990–992 als Missionsmönch. Sie wurde im Laufe der Jahrhunderte verschiedenen Orden anvertraut, bis sie 1846 den Somaskern, einem 1528 vom hl. Hieronymus Ämiliani gegründeten Orden, der sich vor allem für Waisenkinder, Arme und Kranke einsetzt, übertragen wurde. Neben dem Altar des hl. Alexius und dem Apostolat der Somasker (Altarbild des hl. Hieronymus Ämiliani im linken Seitenschiff) ist als dritter Punkt des Gebetes die byzantinische Madonna aus dem 12. Jahrhundert zu erwähnen, die als Maria Advocata verehrt wird (in der Sakramentskapelle rechts neben der Apsis).

Am Altar des hl. Alexius

Im Johannesevangelium sagt Johannes der Täufer über Jesus: „Mitten unter euch steht einer, den ihr nicht kennt, der nach mir kommt" (Joh 1,26–27). Man kann sich hier am Altar des hl. Alexius an diese Worte erinnert fühlen. Unerkannt liegt der Heilige unter der Treppe seines Vaterhauses als Fremdling und Pilger. Von seiner eigenen Familie nicht erkannt, von den Hausangestellten belächelt und gekränkt, steht er für den Typ des unerkannten Heiligen. Heiligkeit muss nicht immer mit einem spektakulären Leben zu tun haben. Heiligkeit ereignet sich manchmal mitten unter uns, vielleicht im eigenen Haus, im eigenen Umfeld, nur haben wir häufig nicht die Augen dafür.

Herr und Gott, schenke uns offene Augen und Herzen, damit wir die Heiligkeit in unserem Alltag sehen und wertschätzen. Es gibt so viele Menschen, die sich Tag für Tag aufopfern oder durch ihr schlichtes Verhalten etwas von

der Güte und Menschenliebe Gottes in die Welt tragen. Gib uns den Glauben, dass du in unserem Leben zugegen bist, auch wenn wir dich manchmal nicht erkennen, weil du vielleicht im übertragenen Sinn unter den Teppich gekehrt wurdest oder unter der Treppe liegst. Führe uns durch die vielen kleinen, unerkannten Heiligen in dein Reich. Darum bitten wir durch Christus, unseren Herrn.

In der Kapelle des hl. Hieronymus Ämiliani (*Cappella Guidi di Bagno*)
Ein Ordensmann, der ein Kind zu Jesus und seiner Mutter führt und den Segen empfängt. So hat der hl. Hieronymus Ämiliani seine Arbeit verstanden, wenn er sich für Waisenkinder und andere Bedürftige einsetzte. Die Hilfe für diese Menschen ist wie ein Weg, den man gemeinsam zu Jesus geht.

Gott, du Quelle der Barmherzigkeit, im heiligen Hieronymus Ämiliani hast du den Waisenkindern einen Helfer und Vater gegeben. Schenke allen, die in Not sind, deine sorgende Liebe und gib uns die Bereitschaft, ihnen zu helfen. Darum bitten wir durch Jesus Christus, unseren Herrn. (Tagesgebet vom Gedenktag des hl. Hieronymus Ämiliani)

In der Sakramentskapelle mit dem Bild der Maria Advocata
„Die Schönste von allen, von fürstlichem Stand, kann Schönres nicht malen ein himmlische Hand. Maria mit Namen; an ihrer Gestalt all Schönheit beisammen, Gott selbst wohlgefallt."

So singen wir in einem bekannten Marienlied. Ich weiß nicht, ob wir beim Betrachten dieses Bildes spontan auf dieses Lied gekommen wären. Denn die byzantinische Madonna hat hier nicht unbedingt ein wohlgestaltetes Gesicht. Die Nase ist zu lang, die Augen sind nicht gleich groß, der Mund eher ein trauriger Schmollmund, und überhaupt wirkt die ganze Gestalt etwas schief. Und dennoch zeigt Maria hier die Anmut einer byzantinischen Kaiserin. Sie strahlt Würde aus und macht uns bewusst, dass Größe und Schönheit manchmal auch in fremder, uns unbekannter Form daherkommen.

Wir bitten dich, Maria, lass uns Gottes Größe in den verschiedenen Gesichtern dieser Welt erkennen, in den dunklen und hellen, den alten und jungen, den schönen und hässlichen, denn Gott schaut nicht auf das Äußere, sondern auf das Herz. So, wie er auch in einem Stück Brot hier in der Kapelle zugegen ist, zeigt er sich immer wieder neu in ganz einfachen Formen. Schenke uns die Augen dafür, du Mutter Gottes und Mutter aller Menschen. Darum bitten wir durch Christus, unseren Herrn.

Santi Bonifaci e Alessio – Bild der Maria Advocata

32 Sant'Andrea della Valle

Piazza Sant'Andrea della Valle (direkt am Corso Vittorio Emmanuele)

Mit dem Bau dieser Kirche, die direkt am Corso Vittorio Emmanuele liegt, begann Giacomo della Porta 1586. Vollendet hat sie als Baumeister Carlo Maderno, der auch beim Bau der Peterskirche beteiligt war, 1622. Im Jahre 1650 wurde sie eingeweiht, die prächtige Fassade von Carlo Rainaldi aber erst 1665 vollendet. Die Kuppel ist die zweitgrößte in Rom (nach St. Peter) und ragt deshalb bei Panoramablicken über Rom (z. B. vom Aventin) deutlich hervor. Sie ist die Mutterkirche des Theatinerordens, 1524 als Erster der Orden der Gegenreformation gegründet, der sich – ähnlich wie die Jesuiten oder die Oratorianer – vor allem auf die

Sant'Andrea della Valle

Erneuerung des Klerus und des Volkes durch Predigt, Katechese und Bildung spezialisiert hatte, um den reformatorischen Strömungen philosophisch und theologisch etwas entgegensetzen zu können. Eine wichtige Gründergestalt des Theatinerordens ist der hl. Kajetan von Thiene (1480–1547), dessen Skulptur in der Fassade ganz links neben der Gestalt des Apostels Andreas zu sehen ist.

Die Innenausstattung stammt weitestgehend aus dem 17. Jahrhundert – ein beeindruckendes Zeugnis des Spätbarocks. Hervorzuheben ist die erste Seitenkapelle rechts vom Eingang, die *Cappella Ginnetti* von Carlo Fontana mit einem Marmorrelief von Antonio Raggi, die Flucht der Heiligen Familie nach Ägypten darstellend, die auch in der Oper Tosca von Giacomo Puccini eine Rolle spielt. Des Weiteren sind die beiden Grabmäler für Pius II. und Pius III. am Ende des Langhauses zu nennen. Sie waren die beiden Päpste aus der Familie der Piccolomini, die den Bau der Kirche in Auftrag gegeben und finanziert hatten. Das Patrozinium des hl. Andreas, das ebenfalls ein Wunsch der Familie Piccolomini war, weil ein Teil der Familie aus Amalfi stammte, wo der hl. Andreas Hauptpatron war, wird durch die Darstellung seiner Berufung, seines Lebens und seines Martyriums in den Gemälden und Fresken des Altarraumes und der Apsis thematisiert. Der Name „della Valle" rührt von der landschaftlichen Tatsache her, dass sich hier früher einmal eine Senke befunden hat.

Geistlich stehen in Sant'Andrea della Valle zum einen das Zeugnis des Apostels Andreas, zum anderen das Apostolat der Theatiner im Mittelpunkt.

Gebet

Allmächtiger Gott, du hast deiner Kirche den heiligen Apostel Andreas als Boten des Glaubens und als Hirten gegeben. Erhöre unser Gebet und gib, dass auch die Kirche unserer Tage die Macht seiner Fürsprache erfahre. (Tagesgebet vom Fest des hl. Andreas)

Andreas ist uns als Apostel und auch als Gestalt der Ökumene wichtig, weil er in der Ostkirche besonders verehrt wird als derjenige, der Petrus zu Jesus geführt hat. Schon häufig haben deshalb am Fest des hl. Andreas Besuche des Papstes beim ökumenischen Patriarchen stattgefunden. 1964 wurde das Haupt des hl. Andreas dem Patriarchen in Patras zurückgegeben. Bitten wir in dieser Kirche daher um ein gutes Miteinander zwischen Christen des Westens und des Ostens, die ganz verschiedene Zugangsweisen zum göttlichen Geheimnis haben, aber sich gerade dadurch gut ergänzen können. Herr Jesus Christus, lass uns den gegenseitigen Reichtum unserer Traditionen erkennen, damit wir gemeinsam zu einer Kirche wachsen können, der du lebst und herrschst in Ewigkeit.

Meditation zum Charisma des Theatinerordens / hl. Kajetan

Herr und Gott, der Orden der Theatiner hat in einer stürmischen Zeit die richtigen Zeichen erkannt, dass nämlich eine Erneuerung der Kirche nur durch Bildung und Seelsorge geschehen kann. Er hat in der Zeit der Gegenreformation dafür gesorgt, dass sowohl Priester als auch Laien religiöse Bildung erhielten und so ihren Glauben vertiefen konnten. Wir leben auch heute in einer Zeit, in der wir als Christen angefragt werden – weniger von christlichen Glaubensbrüdern und -schwestern als von der Gesellschaft im Allgemeinen. Gib uns die Kraft, die Einsicht und den Mut, dass wir uns wieder mit den eigenen Traditionen auseinandersetzen und sie in das Gespräch der heutigen Zeit einbringen, ohne Angst, nicht zeitgemäß zu sein. Schenke uns offene Augen und Herzen für die Zeichen der Zeit, damit wir durch sie zu einer Vertiefung unseres Glaubens kommen und sie deuten können als einen Weg zu dir. Hilf uns nach dem Beispiel des hl. Kajetan, auf dich allein zu vertrauen und unser Leben im Geist des Evangeliums zu erneuern. Darum bitten wir durch Jesus Christus, unseren Herrn.

33 San Bartolomeo all'Isola

Piazza San Bartolomeo all'Isola

Die Kirche San Bartolomeo all'Isola liegt auf der Südseite der Tiberinsel und wurde auf den Resten eines antiken Äskulap-Tempels aufgebaut. Ein Brunnen am Aufgang zur Apsis zeugt noch heute davon. Er wurde später mit Reliefs von Christus, Bartholomäus, Adalbert von Prag und Kaiser Otto III. geschmückt. Neben dem Grab des Apostels Bartholomäus, dessen Gebeine heute in dem antiken Porphyrsarg im Altar ruhen, werden in der Kirche auch Reliquien des hl. Adalbert von Prag und des hl. Paulinus von Nola verehrt. Kaiser Otto III. hatte auf den Resten des Äskulap-Tempels zu Ehren des hl. Adalbert nämlich um das Jahr 1000 die heutige Kirche errichten lassen.

San Bartolomeo all'Isola

Neben der Gestalt des hl. Bartholomäus, welcher der Überlieferung nach in Armenien das Martyrium durch Abziehen der Haut erlitt, stehen in der Kirche auch die Themen Heil und Heilung im Zentrum der Betrachtung, insofern dieser Ort von Beginn an der Heilung diente (Äskulap war der griechische Gott der Medizin). Dazu passt schließlich auch das Lebenszeugnis der Märtyrer des 20. Jahrhunderts, das seit 2002 hier in den Seitenkapellen durch verschiedene Erinnerungsstücke und Reliquien gezeigt wird, wie etwa ein Messbuch von Oscar Romero, ein Brief von Franz Jägerstätter und eine Reliquie von Kardinal Graf von Galen.

Am antiken Brunnen (vor der Apsis)
Herr, seit über 2000 Jahren wird hier um Heilung und Gesundheit gebetet. Für uns ist Jesus Christus der Arzt der Seelen und das Heil der Welt. Wir wollen daher an diesem Ort alle Kranken zu ihm bringen, dass sie Menschen finden, die sie begleiten und ihnen durch ihre Nähe neue Hoffnung geben. Lass uns selbst heil werden an Leib und Seele und schenke auch den Kranken, die hier auf der Tiberinsel im Krankenhaus liegen, Gesundheit und Kraft. Darum bitten wir durch Christus, unseren Herrn.

Vor dem Grab des hl. Bartholomäus
Auf unvorstellbar grausame Weise hat der hl. Bartholomäus durch Abziehen der Haut den Tod gefunden. In der Treue und Liebe zu Christus konnte er

aber auch durch dieses Martyrium Zeugnis ablegen. In unseren Tagen gibt es ebenfalls Christen, die ein unvorstellbares Martyrium erleiden. Wir stehen manchmal sprachlos vor der Grausamkeit der Mörder. Wir wollen trotzdem Versöhnung suchen und immer Schritte zum Frieden gehen. Die Gemeinschaft Sant'Egidio, die diese Kirche betreut, kann uns in dieser Hinsicht Wegweiser sein.

Es ist gut, einen Ort zu haben, an dem auch der Märtyrer des 20. Jahrhunderts gedacht wird, denn wir machen uns zu wenig bewusst, dass das 20. Jahrhundert das Jahrhundert mit den meisten christlichen Märtyrern war. Auf die Fürsprache des hl. Bartholomäus und aller Glaubenszeugen des letzten Jahrhunderts wollen wir Gott um die Kraft bitten, zu verzeihen und Wege des Friedens zu gehen. Darum bitten wir durch Christus, unseren Herrn.

San Bartolomeo all'Isola – Grab des Apostels Bartholomäus

34 San Carlo alle Quattro Fontane

Via del Quirinale, 23

Diese kleine Kirche an der Kreuzung der Via Quirinale und der Via delle Quattro Fontane hat ihren Namen von den vier Brunnen, die an den vier Ecken dieser Kreuzung liegen, und ist das erste Werk des noch jungen Francesco Borromini gewesen. Ohne ein Honorar zu verlangen, baute er für den Trinitarierorden seit 1634 die Konventsgebäude und den Kreuzgang und seit 1638 die Kirche zu Ehren des kurz zuvor heiliggesprochenen *Karl Borromäus* (1538–1584, Heiligsprechung 1610). Erst nach Borrominis Tod (1667) wurde sie mit der Fertigstellung der Fassade 1677 vollendet. Die Kirche ist so klein, dass sie in einen einzigen Pfeiler von St. Peter hineinpassen würde, weswegen sie von den Römern auch liebevoll *San Carlino* genannt wird. Sie besticht im Innenraum durch ihre formvollendete Geometrie eines Rhombus mit elliptischen, konvexen und konkaven Formen. Der Bau gilt als erstes Hauptwerk des römischen Hochbarock. Borromini hat hier auf engstem Raum verwirklicht, was er in seinen späteren Bauten ausführen konnte. Die Fassade zeigt die Statuen des hl. Karl Borromäus sowie die Ordensgründer der Trinitarier *Johannes von Matha* (1154–1213) und *Felix von Valois* (1127–1212).

Vom geistlichen Gehalt spielt in San Carlo zum einen das Zeugnis des großen Kardinals und Erzbischofs von Mailand, Karl Borromäus, eine Rolle. Er war Neffe von Papst Pius IV. und (wenn es so etwas gibt) ein „positiver" Fall von Nepotismus, insofern er in seinem Bistum in vorbildlicher Weise die Beschlüsse des Konzils von Trient (1545–1563) umsetzte. Mit 22 Jahren zum Kardinal erhoben und erst danach zum Priester und Bischof geweiht, starb er bereits mit 46 Jahren, hat aber in dieser Zeit eine wegweisende Bedeutung erlangt und wurde nach Ambrosius wahrscheinlich der wichtigste Erzbischof von Mailand.

Zum anderen kann auch das Apostolat der Trinitarier hervorgehoben werden, deren Konvent sich direkt nebenan befindet. Der Orden, der ursprünglich im Umfeld der Kreuzzüge gegründet wurde und sich dem Bekenntnis der Trinität gegenüber dem Islam besonders verpflichtet fühlte, widmet sich heute vor allem der Gefangenenseelsorge.

Meditation im Geist des hl. Karl Borromäus

Herr Jesus Christus, du hast den hl. Karl Borromäus zu einer Zeit zum Bischof berufen, die sehr bewegt und schwierig war. In Deutschland und anderen Ländern hatte die Reformation zur Kirchenspaltung geführt, und in Italien lag das kirchliche Leben, die Bildung der Priester und der Gemeinden am Boden. Karl hat den Mut und die Disziplin bewiesen, Reformen anzugehen, die zu einem Wachsen des Glaubens führten. Er kann auch uns ein Vorbild sein, wie wir heute Reformen angehen – nicht allein dadurch, dass man die Ansprüche zurückschraubt, sondern sich neu besinnt auf das Wesentliche des Glaubens und den Menschen in den Mittelpunkt der Erneuerung stellt. Hilf uns, im Geist dieses großen italienischen Reformers in unserer Zeit die Kirche zu erneuern – und fange bei uns an.

Gebet im Geist des Apostolates der Trinitarier

Herr Jesus Christus, du hast uns in deinem bekannten Gerichtsgleichnis gesagt, dass es ein Werk der Barmherzigkeit ist, Gefangene zu besuchen. Der Trinitarierorden, der in dieser Kirche beheimatet ist, fühlt sich diesem Apostolat verpflichtet. Wir beten für die Mitglieder dieses Ordens und für alle, die in der Gefangenenseelsorge tätig sind, dass sie in Geduld, Liebe und Barmherzigkeit den Gefangenen begegnen und ihnen in ihrer Situation Perspektiven aufzeigen können, wie es ein Leben nach und mit der Schuld geben kann. Und auch für die Menschen in den Gefängnissen selbst wollen wir beten, dass sie aus ihrer Schuld lernen und erfahren dürfen, dass es bei Gott und mit seiner Hilfe auch in der Welt immer einen neuen Anfang gibt.

35 Santa Maria in Vallicella (Chiesa Nuova)

Piazza della Chiesa Nuova

Diese Kirche, die an einem Platz am vielbefahrenen Corso Vittorio Emmanuele liegt, ist die Kirche des Heiligen Roms schlechthin, des hl. *Philipp Neri* (1515–1595), den die Römer einfach nur *Il Santo* nennen. In dieser Kirche liegt er begraben (in der linken Seitenkapelle vom Hauptaltar aus), und im Vorgängerbau, der auf Gregor den Großen zurückgeht (Santa Maria in Vallicella), hat er auch als Beichtvater und Seelenführer gewirkt. Zu Lebzeiten Philipp Neris wurde 1575 mit dem Bau einer neuen Kirche (daher Chiesa Nuova) begonnen, die 1593 vollendet wurde – die Fassade allerdings erst nach seinem Tod (1605). Neben der Kirche gründete Philipp Neri ein Oratorium, in dem er zusammen mit seinen Gefährten u. a. auch musikalische Aufführungen darbot und somit zum geistlichen Vater des musikalischen Genres des Oratoriums wurde (z. B. Händels Messias). Die Zimmer des hl. Philipp Neri sind heute noch zu besichtigen (Zugang über die Sakristei). Im Inneren der Kirche sind vor allem das Deckenfresko von Pietro da Cortona und drei Gemälde von Peter Paul Rubens bemerkenswert.

Gebet am Grab des hl. Philipp Neri

Santa Maria in Vallicella – Grab des heiligen Philipp Neri

Herr, im heiligen Philipp Neri hast du der Kirche einen unkonventionellen Heiligen geschenkt, der tiefen Glauben mit einer humorvollen, fast kauzigen Art verband. Trotz vieler Anfeindungen und Unverständnisses hat er es geschafft, zum Lieblingsheiligen der Römer zu werden, der sich nicht nur bei den einfachen Leuten, sondern auch bei großen Heiligen wie Ignatius von Loyola und Karl Borromäus, aber auch bei Päpsten Respekt verschaffte. Du hast ihm überdies die Kraft gegeben, einen Orden zu gründen und Menschen um sich zu sammeln, die in seinem Geist bis heute als Oratorianer weiterwirken. Schenke uns im Geist dieses großen Heiligen die Gnade, Glauben und Humor miteinander zu verbinden, schwere Zeiten in heiterer Gelassenheit durchzustehen und bei allen unseren Tätigkeiten als Christen in der Welt immer den Menschen mit seinen Eigenheiten (auch den lustigen) im Blick zu haben. Darum bitten wir durch Christus, unseren Herrn.

Zwei Anekdoten aus dem Leben des hl. Philipp Neri[5]

Als gesuchter Beichtvater, der täglich bis zu zwölf Stunden im Beichtstuhl verbrachte, hat Philipp Bußen auferlegt, die nicht nur sehr originell, sondern

[5] Entnommen aus: Markus Dusek / Paul Bernhard Wodrazka, Das Leben des heiligen Philipp Neri in Anekdoten, Heiligenkreuz 2014.

auch von hohem glaubenspädagogischen Wert waren. Als Contessa Bianchi bekannte, sie habe wiederholt schlecht über andere Menschen gesprochen, trug ihr der weise Beichtvater Folgendes auf: „Zur Buße wirst du dir am Markt ein Huhn besorgen und dann damit zu mir kommen. Unterwegs musst du es so gut rupfen, dass dabei auch nicht eine Feder übrigbleibt." Die Contessa führte dies folgsam aus, sehr zum Amüsement der römischen Bevölkerung. Angesichts des gerupften Huhns verlangte Philipp Neri von der stadtbekannten Adeligen jedoch, alle Federn wieder einzusammeln und keine dabei zu vergessen. Darauf die Contessa bestürzt: „Das ist doch nicht möglich! Der Wind hat die Federn bereits in ganz Rom verweht." Daraufhin Philipp: „Daran hättest du vorher denken müssen. So, wie du die einmal ausgestreuten Federn nicht mehr aufsammeln kannst, weil der Wind sie verweht hat, so kannst du auch die bösen Worte, die du einmal ausgesprochen hast, nicht wieder zurücknehmen."

Die Principessa Camilla Doria-Pamphili hatte die Angewohnheit, unmittelbar nach der Kommunionspendung und noch vor Ende der Messfeier die Kirche zu verlassen. Der Heilige trug vier Ministranten auf, der Davoneilenden mit je einer brennenden langen Kerze zu folgen. Die verdutzte Principessa fragte nach dem Sinn der ungewöhnlichen Begleitung; die Erklärung lieferte der dazugekommene Philipp mit den Worten: „Principessa haben gerade den Leib Christi empfangen. Noch ist er nicht vergangen. Zu den Vorschriften der Kirche gehört: Das Allerheiligste Sakrament muss mit Kerzen begleitet werden, wenn man es über die Straße trägt. Deshalb schickte ich die Kerzenträger nach." Camilla Doria-Pamphili kehrte daraufhin beschämt mit hochrotem Kopf in das Gotteshaus zurück und verließ von da an die Kirche immer erst nach dem Schlusssegen.

36 Santissimi Dodici Apostoli

Piazza dei SS. Apostoli, 51

Die Kirche der Heiligen Zwölf Apostel befindet sich im Zentrum der Stadt in der Nähe der Piazza Venezia und der päpstlichen Universität Gregoriana. Eigentlich liegen in ihrer Krypta nur die Gräber der Heiligen Philippus und Jakobus (dem Jüngeren), deren Fest am 3. Mai gefeiert wird. Dennoch wurde die Kirche im 16. Jahrhundert allen zwölf Aposteln geweiht. Dahinter mag das Faktum liegen, dass Papst Stephan VI. (885–891) auch viele Reliquien anderer Märtyrer (und eventuell auch Apostelreliquien) hierherbringen ließ. Baugeschichtlich geht die Kirche auf Papst Pelagius I. (556–561) zurück, dessen Name als Erbauer der ersten Kirche

Santissimi Dodici Apostoli

auf dem Portikus zu lesen ist. Nach vielen Irrungen und Wirrungen der Geschichte wurde sie Anfang des 18. Jahrhunderts von *Carlo und Francesco Fontana* umfassend restauriert und verändert und 1724 von Papst Benedikt XIII. (1724–1730) feierlich eingeweiht. Im 19. Jahrhundert wurde nach einem Brand die alte Krypta aus dem 6. Jahrhundert ausgegraben und neu als Katakombe gestaltet. Sie ist heute zu besichtigen.

Im Inneren der Kirche sind das größte Leinwandgemälde Roms von *Domenico Maria Muratori* mit dem Martyrium der hl. Philippus und Jakobus, das Grabmal für Papst Clemens XIV. von *Antonio Canova* (dritte Seitenkapelle links) und das Grabmal des Kardinals Bessarion (1403–1472) hervorzuheben.

Am Grab der Apostel Philippus und Jakobus

Unsere Kirche ruht auf dem Fundament der Apostel, denn auf ihren Glauben haben sich die ersten Kirchen berufen und gründen wir noch heute. Philippus und Jakobus waren zwei von ihnen, die auf eigene Weise Zeugnis abgelegt haben, Philippus, der einige Male in führender Rolle im Johannesevangelium erwähnt wird, als Märtyrer in der heutigen Ukraine, und Jakobus als der „Herrenbruder" in Jerusalem.

Was kann heute das apostolische Zeugnis bedeuten? Vielleicht, dass wir uns immer auf die apostolischen Ursprünge zurückbesinnen müssen, auf die Schlichtheit und Einfachheit des Glaubens der Urkirche, auf den Mut, den diese Menschen an den Tag gelegt haben, und auf die persönliche Beziehung zu Jesus Christus, die jeder von ihnen hatte.

Herr Jesus Christus, wir bitten dich, lass den apostolischen Geist in der Kirche nicht verloren gehen. Schenke uns Mut und Tatkraft und den Sinn für die Gemeinschaft des Glaubens. Lass uns erkennen, dass wir im 21. Jahrhundert nur dann Kirche sein können, wenn wir durch das apostolische Zeugnis jung bleiben und die Herausforderungen unserer Zeit annehmen, wie es die Apostel zu ihrer Zeit getan haben,der du lebst und herrschst in Ewigkeit.

Santissimi Dodici Apostoli – Grab der Apostel Philippus und Jakobus

Lied (Gotteslob 380,4: „Großer Gott, wir loben dich")

4. Der Apostel heilger Chor, / der Propheten hehre Menge / schickt zu deinem Thron empor / neue Lob- und Dankgesänge; / der Blutzeugen lichte Schar / lobt und preist dich immerdar.

T: Ignaz Franz 1768 nach dem „Te Deum" (4. Jh.) / AÖL 1973/1978

Lied (Gotteslob 542,4: „Ihr Freunde Gottes allzugleich")

4. Apostel Christi, hoch gestellt, / zu leuchten durch die ganze Welt, / ihr Heilgen, die dem höchsten Gut / ihr alles schenktet, selbst das Blut: Helft uns in diesem Erdental, dass wir durch Gottes Gnad und Wahl zum Himmel kommen allzumal!

37 San Francesco a Ripa

Piazza di San Francesco d'Assisi, 88

Diese kleine und unscheinbare Kirche in Trastevere steht an der Stelle, an welcher der hl. Franz von Assisi bei seinem Rombesuch 1219 in einem Hospiz genächtigt hat. Noch im 13. Jahrhundert wurde hier eine erste Kirche gebaut, die dann im 17. Jahrhundert durch den heutigen Bau ersetzt wurde. San Francesco a Ripa ist vor allem wegen eines bedeutenden Kunstwerks einen Besuch wert, wegen des *Grabdenkmals der seligen Ludovica Albertoni*, ein Spätwerk Berninis, das dieser in den Jahren 1671–1675 schuf und das vielleicht zu seinen vollendetsten Werken gehört, vergleichbar der Statue der hl. Teresa von Avila mit dem Liebespfeil der Verzückung in Santa Maria della Vittoria (siehe dort). Ludovica war eine römische Aristokratin, die sich in der Zeit nach dem *Sacco di Roma* (1527) vor allem für die notleidende Bevölkerung einsetzte und deswegen vom Volk sehr verehrt wurde. Die Liegestatue der sterbenden seligen Ludovica ist in einer Haltung ausgeführt, die sie in Verzückung und Hingabe zeigt und den Betrachter automatisch in ihren Bann zieht.

Meditation am Grabdenkmal der seligen Ludovica Albertoni

Mit verschiedenen Gefühlen können wir das Grabmal dieser relativ unbekannten Seligen betrachten: Da ist zum einen der Respekt und die Hochachtung vor der künstlerischen Leistung Berninis, der dieses Grabmal als eines seiner letzten Werke geschaffen hat: das zurückgeneigte Haupt mit den geöffneten Lippen, die Hand an der Brust, die Falten des Gewandes. Die Statue ist so wirklichkeitsgetreu gestaltet, dass man fast ein leises Stöhnen hört und der Sterbenden irgendwie zu Hilfe kommen möchte. Zum anderen ist man vielleicht etwas befremdet, wenn man die Verzückung im Gesicht der seligen Ludovica sieht. Die Szene ist zu theatralisch, zu intim. Und man fragt

San Francesco a Ripa – Grabdenkmal der seligen Ludovica

sich, ob die Vorstellung des eigenen Sterbens, bei dem ja auch der eigene Glaube auf die Probe gestellt wird, durch eine solche Darstellung auf angemessene Weise zum Ausdruck gebracht wird.

Schauen wir aber noch einmal das Gesicht Ludovicas an. Auf den zweiten Blick steht in ihm nicht nur Verzückung, Schmerz und Ekstase geschrieben, sondern auch ein tiefer Friede. Diesen Frieden wünsche auch ich mir für meine letzte Stunde: loslassen können und wissen, dass ich nicht tiefer fallen kann als in die Hände Gottes.

38 Il Gesù (Santissimo Nome di Gesù)

Piazza del Gesù

Die Kirche, die dem Heiligsten Namen Jesu geweiht ist, ist die Mutterkirche der Jesuiten. *Ignatius von Loyola* (1491–1556), der Gründer der Jesuiten, lebte in den Räumen neben der Kirche seit 1542 und starb dort am 31. Juli 1556. Ursprünglich stand an dieser Stelle die kleine Kirche Santa Maria della Strada. Die kleine Marienikone aus dieser Kirche be-

Il Gesù

findet sich noch heute in Il Gesù in der Kapelle links des Chorraums. Schon zu Lebzeiten des Ignatius wurde versucht, eine neue Kirche an dieser Stelle zu bauen, doch gelang es erst dem Ordensgeneral *Franz von Borgia* nach dem Tod des Ignatius, den Neubau ins Werk zu setzen, der schließlich 1584 eingeweiht wurde. Die Räume neben der Kirche, in denen Ignatius in seiner Zeit in Rom lebte, wurden 1599 sorgsam in das neue Konventsgebäude integriert und können heute besichtigt werden. In seinem Sterbezimmer besteht auch die Möglichkeit (nach Voranmeldung), die Messe zu feiern oder zumindest ein Gebet zu sprechen.

Das Innere der Kirche besticht durch seine Prachtentfaltung in Gold, Marmor und Alabaster. Es ist eine Hallenkirche, wie sie für Jesuitenkirchen typisch ist, mit einem beeindruckenden Deckenfresko von Giovanni Battista Gaulli aus dem 17. Jahrhundert. Auch die beiden Altäre des hl. Ignatius von Loyola (Grab) und des hl. Franz Xaver (mit Armreliquie) im linken bzw. rechten Querschiff wurden um 1700 fertiggestellt und sind prachtvoll gestaltet. Das Gemälde im Hochaltar zeigt die Beschneidung und Namensgebung Jesu. Als Punkte für das Gebet bieten sich die beiden Altäre des Ignatius und Franz Xavers an, aber auch eine Besinnung über den Namen Jesu scheint an diesem Ort sinnvoll.

Am Grab des hl. Ignatius von Loyola

Herr Jesus Christus, du hast uns in Ignatius einen Menschen geschenkt, der Klugheit, Mut und Entschiedenheit miteinander verbunden hat. Am Ursprung seiner Bekehrung und Berufung stand die Erfahrung der Unterscheidung der Geister, die ihm half, sein eigenes Leben zu ordnen, aber auch vielen anderen Menschen geistliche Führung und Leitung zu geben. Durch seine Exerzitien und „Geistlichen Übungen" hat er seinem Orden und vielen Generationen einen Leitfaden an die Hand gegeben, wie man sein Leben auf dich ausrichten und dabei gute von falschen Anregungen unterscheiden kann. Seine Liebe zu dir trieb ihn immer wieder an und hat ihm Kraft gegeben, Rückschläge anzu-

Il Gesù – Grab des hl. Ignatius von Loyola

nehmen, die ihm zum Teil auch von der Kirche zugefügt wurden. Dabei bewies er immer eine große Loyalität zur Kirche, sodass sein Orden bis heute das vierte Gelübde der Treue zum Papst hinsichtlich der missionarischen Aussendung hat. Ignatius, der auch von der mittelalterlichen Frömmigkeit beeinflusst war, kann als ein moderner Mensch gelten, weil er die Spiritualität personalisiert hat und die Bedürfnisse des einzelnen Menschen vor Augen hatte. Herr Jesus Christus, entzünde in uns die Liebe zu deinem Namen, wie Ignatius sie hatte, und schenke uns in unserer Zeit die Unterscheidung der Geister, ein Gespür dafür, welchen Impulsen wir in einer immer übersichtlicher werdenden Zeit folgen sollen, der du lebst und herrschst in Ewigkeit.

Gott, du hast den heiligen Ignatius von Loyola in deiner Kirche erweckt, zur größeren Ehre deines Namens zu wirken. Gib, dass wir ihn nachahmen *und mit seiner Hilfe auf Erden kämpfen, damit wir mit ihm die Krone im Himmel empfangen. Darum bitten wir durch Christus, unseren Herrn. (Tagesgebet vom Gedenktag des hl. Ignatius)*

Am Altar des hl. Franz Xaver

Der Arm, den wir hier sehen, hat Tausende Menschen getauft, in Indien, China und an anderen Orten der Welt. Franz Xaver gehörte zu den ersten Gefährten des Ignatius und wurde von ihm in die Mission nach Indien geschickt, wo er die Erfahrung machte, dass es wichtiger ist, Menschen durch eine einfache Glaubensverkündigung und das Lehren der einfachsten Grundgebete Christus nahezubringen, als spitzfindige theologische Diskussionen an den Universitäten Europas zu führen. Er wurde der große Missionar der Jesuiten. Sein Leben kann uns bewusst machen, dass Christsein immer auch Aufbruch bedeutet und wir in Europa nicht die Einzigen sind, die

Il Gesù – Armreliquiar des hl. Franz Xaver

an Christus glauben. Es kann uns vielleicht auch bescheidener machen und bereiter, von anderen Völkern zu lernen. In Franz Xaver und in der ganzen jesuitischen Spiritualität wird uns vor Augen geführt, dass wir eine Weltkirche sind. Diesen Blick sollten wir uns bewahren.

Jesusgebet

Wachse, Jesus, wachse in mir. In meinem Geist, in meinem Herzen, in meiner Vorstellung, in meinen Sinnen. Wachse in mir in deiner Milde, in deiner Reinheit, in deiner Demut, deinem Eifer, deiner Liebe. Wachse in mir mit deiner Gnade, deinem Licht und deinem Frieden. Wachse in mir zur Verherrlichung deines Vaters, zur größeren Ehre Gottes.

(Pierre Olivaint)

In den Wohnräumen des Ignatius

An diesem Ort hat Ignatius gelebt. Hier hat er seine Ordenskonstitutionen geschrieben und durch unzählige Briefe die Korrespondenz mit den Brüdern auf der ganzen Welt aufrechterhalten. Hier hat er aber auch die Messe gefeiert, die ihm immer schwerfiel, weil er sich dabei auf beinahe schmerzhafte Weise Gott nahe fühlte. Und an diesem Ort ist Ignatius auch gestorben. Lasst uns hier mit seinen Worten beten: „Nimm, Herr, und empfange meine ganze Freiheit, mein Gedächtnis, meinen Verstand und meinen ganzen Willen, all mein Haben und Besitzen. Du hast es mir gegeben; dir, Herr, gebe ich es zurück. Alles ist dein, verfüge nach deinem ganzen Willen. Gib mir deine Liebe und Gnade, denn diese genügt mir."

(Gotteslob 9,6)

39 Sant'Ignazio

Piazza di S. Ignazio

Die zweite große Jesuitenkirche Roms wurde kurz nach der Heiligsprechung des Ignatius (1622) im Jahre 1626 begonnen und erst 1685 vollendet. Sowohl der Architekt, *Orazio Grassi*, als auch der Maler, der die Kirche mit Fresken ausstattete, *Andrea Pozzo*, waren Jesuiten. Für die Ordensgeschichte bedeutsam ist die Kirche vor allem deswegen, weil sie direkt neben dem Collegio Romano errichtet wurde, der von Ignatius 1551 gegründeten Ausbildungsstätte der Jesuiten, an der junge Männer aus ganz Europa Philosophie und Theologie studierten, um in der Zeit der Gegenreformation in einer Art „Bildungsoffensive" den katholischen Glauben neu verständlich zu machen. Zwei der bekanntesten Zöglinge des Collegio Romano waren der hl. *Aloisius von Gonzaga* (1568–1591) und der hl. *Johannes Berchmans* (1599–1621), die beide früh starben (der eine bei der Pflege von Pestkranken, der andere an einer Lungenentzündung) und – zusammen mit einem weiteren Jesuitenheiligen, Stanislaus Kostka – zu Patronen der studierenden Jugend ernannt wurden. Die ersten beiden liegen in Sant'Ignazio begraben.

Im Innenraum der großzügigen Hallenkirche, die einige Seitenkapellen hat, sind besonders die Deckenfresken von Andrea Pozzo von Bedeutung. Sie zeigen im Hauptschiff die Verherrlichung des hl. Ignatius und die weltumfassende Tätigkeit des Jesuitenordens, die durch allegorische Deutungen der vier damals bekannten Erdteile (Europa, Afrika, Asien, Amerika) dargestellt wird. Dabei reiten die allegorischen Damen auf einem Krokodil (Afrika), einem Pferd (Europa), einem Jaguar (Amerika) und einem Kamel (Asien). Das Fresko in der Vierung täuscht eine Kuppel vor. Ob eine wirkliche Kuppel aus Kostengründen oder aus statischen Gründen nicht ausgeführt wurde, ist umstritten. Das Hochaltarbild zeigt eine Szene, die in der Geschichte des Jesuitenordens wichtig geworden ist:

die Vision des Ignatius in La Storta. Dort ist ihm auf dem Weg nach Rom Jesus erschienen und hat zu ihm gesagt: „Ich werde euch in Rom gnädig sein“ („*Ego vobis Romae propitius ero*“). Ignatius verstand dies als Bestätigung seiner Sendung nach Rom und der Bereitschaft des Ordens, sich dem Papst für die Mission zur Verfügung zu stellen. In den beiden Altären im rechten und linken Querschiff werden die Gebeine der Heiligen Aloisius von Gonzaga (rechts) und Johannes Berchmans (links) verehrt. Sie sind auch wichtige Orte des Gebets.

Sant'Ignazio – Altar

Am Grab des hl. Aloisius von Gonzaga

Gott, du Spender aller Gnaden, mit deiner Hilfe hat der heilige Aloisius ein Leben der Unschuld und der Buße geführt. Höre auf seine Fürsprache und gib uns, auch wenn wir ihm in der Heiligkeit nicht gefolgt sind, durch Buße und Umkehr die Reinheit des Herzens. Darum bitten wir durch Christus, unseren Herrn. (Tagesgebet vom Gedenktag des hl. Aloisius)

Am Grab des hl. Johannes Berchmans

Allmächtiger Gott, im heiligen Johannes Berchmans hast du der Kirche einen jugendlichen Heiligen geschenkt, der voller Eifer und in tiefer Frömmigkeit versuchte, ein Leben nach dem Evangelium und im Geist des hl. Ignatius zu führen. Sieh auf die jungen Menschen, die heute nach Halt und Orientierung suchen. Entzünde in ihnen neu das Feuer und die Leidenschaft für das Reich Gottes, das im 21. Jahrhundert ebenso mitten unter uns ist wie zur Zeit von Johannes Berchmans. Lass uns die Jugend von heute wertschätzen, sie vorurteilsfrei anschauen und erkennen, dass in ihnen – wie in allen Menschen – die Sehnsucht nach einem erfüllten Leben, nach Glück und Zufriedenheit da ist. Johannes Berchmans hat die Erfüllung im Glauben gefunden und ist damit für uns ein Beispiel, dass man in der Bindung an Jesus Christus glücklich werden kann. So stärke uns selbst in unserem Glauben. Darum bitten wir durch Jesus Christus, unseren Herrn.

Zu Ignatius und seiner Sendung (Hochaltar, Deckengemälde)

Guter Gott, du hast Ignatius berufen, durch die Gründung eines Ordens, der bis heute weltweit tätig ist, ein segensreiches Werk in Gang zu setzen. Noch zu seinen Lebzeiten war der Orden in allen damals bekannten Erdteilen verbreitet. Er selbst hat von Rom aus die Geschicke des Ordens gelenkt. Segne das Wirken der Jesuiten, die an vielen Orten in der theologischen Lehre, der Pastoral, der Mission und an sozialen Brennpunkten tätig sind, und stärke sie selbst in ihrem Glauben und in der Treue zur Kirche. Darum bitten wir durch Christus, unseren Herrn.

Sant'Ivo alla Sapienza

40 Sant'Ivo alla Sapienza

Corso del Rinascimento, 40

Diese Kirche, die nur am Sonntagvormittag geöffnet hat, ist wohl der auffälligste und schönste Kirchenbau von Francesco Borromini. Er schuf dieses Kleinod als Universitätskirche für die römische Universität *La Sapienza*, die als päpstliches *studium urbis* 1303 gegründet worden war. In der Zeit von 1564 bis 1630 wurde für die inzwischen gewachsene Universität der *Palazzo della Sapienza* erbaut, sodass sich die Kirche in den Komplex des Palazzo eingliedern musste. Borromini begann mit den Bauarbeiten 1643. Am 13. November 1660 wurde sie als *Cappella della Sapienza* feierlich eingeweiht.

Von außen ist besonders der schlanke, schneckenförmige Turm auffallend. Dieser wird gerne von seiner Form mit der Schneckenart der sogenannten „Mitraschnecke" in Verbindung gebracht, die auch eine Ähnlichkeit mit der Tiara des Papstes hat.

Im Inneren bietet der Grundriss ein raffiniertes Gemisch verschiedener geometrischer Figuren, wobei die Hauptfigur ein gleichseitiges Dreieck ist, dessen Spitzen durch Zirkelschläge kreisförmig abgerundet sind. Neben dem Dreieck spielt das Sechseck eine wesentliche Rolle im Grundriss, was eine Anspielung auf die Waben der Biene sein könnte, dem Wappentier von Papst Urban VIII. (Barberini).

Einziger Farbeindruck in der ansonsten ganz weißen Kirche ist das Altarbild von *Pietro da Cortona* (1680), das den hl. Ivo, einen der fünf Schutzpatrone der Kirche, als Anwalt der Armen zeigt. Da die Kirche lange Zeit als Universitätskirche fungierte und auch im Komplex der ehemaligen Universität liegt, ist hier ein Gebet für alle Studierenden besonders angebracht.

In der Kirche

Allwissender Gott, in dieser Kirche haben viele Generationen von Studenten gebetet und die Bitte um ein gutes Studium oder einen guten Abschluss vor dich gebracht. Sie haben vielleicht in schwierigen Zeiten auf deinen Beistand gehofft oder aus der Verbindung zu dir Kraft gezogen. Sie haben aber auch in der Gemeinschaft des Glaubens in dieser Kirche erfahren dürfen, dass es Dinge gibt, die wichtiger sind als Erfolg. Wir bitten dich: Segne die Studierenden in Rom und auf der ganzen Welt. Schenke ihnen den Geist der Weisheit, von der die römische Universität ihren Namen hat. Gib ihnen Eifer und Freude am Studium, in manchen Situationen und Phasen auch Durchhaltevermögen, und lass sie Menschen finden, die sie auf ihrem Weg begleiten. Führe sie am Ende ihres Studiums zu einem guten Abschluss und zu einem Beruf, der ihnen Freude macht. Lass sie aber auch erkennen, dass deine Weisheit noch einmal größer ist als alle Weisheit dieser Welt und dass wir ohne dich nichts vollbringen können. Darum bitten wir durch Christus, unseren Herrn.

41 San Luigi dei Francesi

Piazza San Luigi de' Francesi

Die französische Nationalkirche liegt auf dem Weg von der Piazza Navona zum Pantheon und besticht zunächst einmal durch ihre beeindruckende Barockfassade. Sie wurde im 16. Jahrhundert erbaut und dem hl. Ludwig, König der Franzosen im 13. Jahrhundert, geweiht. Im Inneren ist die Kirche ziemlich dunkel, hat aber einige interessante Gemälde, vor allem drei Bilder von Caravaggio in der Contarelli-Kapelle (5. Kapelle links). Sie zeigen Szenen aus dem Leben des Zöllners und Evangelisten Matthäus, links die Berufung, in der Mitte die Inspiration durch den Engel und rechts das Martyrium. Die Betrachtung dieser Bilder steht neben der Gestalt des hl. Ludwig von Frankreich im Zentrum der Meditation, wenn man in dieser Kirche einen Halt einlegt.

San Luigi dei Francesi

An der Contarelli-Kapelle

Bewegend sind diese Bilder aus dem Leben des hl. Matthäus. Berühmt ist besonders die Berufung auf der linken Seite, bei der auf den ersten Blick nicht ganz klar ist, wer eigentlich Matthäus sein soll. Ist es der Mann mit dem Bart, der mit der Hand auf sich zeigt? Oder zeigt er nicht vielmehr auf den am linken Bildrand sitzenden, das Geld zählenden jungen Mann? Der Fingerzeig des bärtigen Mannes kann tatsächlich auf zweierlei Weise gedeutet werden. Meinst du mich? Oder meinst du ihn? Jesus zeigt am rechten Bildrand mit einer seltsam kraftlosen Handbewegung zusammen mit Petrus jedenfalls in dieselbe Richtung, ohne diese Frage eindeutig zu beantworten. Vielleicht ein Bild dafür, dass Berufung nicht immer eindeutig geschieht. Man muss fragen, suchen, entdecken, was Gott von einem will. Jesus zeigt nicht nur auf Matthäus, sondern auf jeden von uns. Und tatsächlich ist jede dieser Personen auf dem Bild Caravaggios irgendwie einbezogen in das Berufungsgeschehen. Außerdem macht die Szene auch deutlich, dass Berufung mitten aus dem Leben heraus geschieht, in dem Fall in einer Wohnstube. Wo und

San Luigi dei Francesi – Berufung des Evangelisten Matthäus (Caravaggio)

wann zeigt Christus auf mich? Was will er von mir? Deute ich auf andere, wenn ich gemeint bin, oder nehme ich meine Berufung an? Lasse ich mich in den Dienst nehmen, wie auch immer der aussehen mag?

Herr und Gott, lass mich „Ja" sagen, wenn Gott in mein Leben tritt, und dieses „Ja" immer neu verwirklichen. Matthäus hat sein „Ja" verwirklicht durch sein Evangelium und sein Martyrium. Zu beidem wurde er von Gott inspiriert. Er schenkt aber auch uns seinen Geist, damit wir unser Zeugnis ablegen können in unserer Zeit. Darum bitten wir durch Christus, unseren Herrn.

Gebet (hl. Ludwig / Frankreich)

Gott, du hast den heiligen König Ludwig aus der Verantwortung für sein Land in das himmlische Reich gerufen. Seine Fürsprache helfe uns, die irdischen Pflichten so zu erfüllen, dass wir zum Himmelreich gelangen. Darum bitten wir durch Jesus Christus, unseren Herrn. (Tagesgebet vom Gedenktag des hl. Ludwig)

Wir bitten dich an diesem Ort für das Volk der Franzosen. Frankreich wird manchmal als die „erste Tochter der Kirche" bezeichnet. Viele christliche Könige haben das Land geprägt und haben ihm eine entscheidende Rolle für das christliche Abendland gegeben. Lass es in dieser Zeit sich auf seine christlichen Wurzeln besinnen und schenke ihm im Dialog mit anderen Religionen und Strömungen in der Gesellschaft Frieden und Wohlergehen. Darum bitten wir durch Christus, unseren Herrn.

42 San Marco

Piazza San Marco, 48 (neben Piazza Venezia)

Diese Kirche an der Piazza Venezia ist seit der Renaissance in den Palazzo Venezia eingebaut und daher leicht zu übersehen. Dabei ist sie eine der ältesten Kirchen Roms, die zeitgleich mit der Lateranbasilika, St. Peter und St. Paul erbaut wurde. Der nur sehr kurz lebende und regierende Papst Marcus hat an dieser Stelle im Jahr 336 ein römisches Wohnhaus in eine einschiffige Basilika umbauen lassen. Nach einem Brand im 5. Jahrhundert wurde sie im 8. Jahrhundert unter Papst Hadrian I. wiederaufgebaut und im 9. Jahrhundert von Gregor IV. (827–844) komplett erneuert. In dieser Zeit kamen auch die Gebeine der hll. Abden und Sennen (Perser, die in der Christenverfolgung des Kaisers Decius ums Leben kamen) in die Kirche. Erst später wurden auch die Gebeine des hl. Papstes Marcus hierher überführt und unter dem Hochaltar beigesetzt. Der aus Venedig stammende Papst Paul II. (1464–1471) hat die Kirche dann in den Palazzo Venezia integrieren lassen und ihr eine Renaissancefassade gegeben sowie eine alte Holzdecke, die neben der von Santa Maria Maggiore zu den ältesten Decken Roms gehört. Im 17. und 18. Jahrhundert wurde San Marco schließlich barockisiert.

Im Inneren ist besonders das Apsismosaik aus dem 9. Jahrhundert von Bedeutung. Es zeigt Christus auf einem goldenen Teppich, umgeben von verschiedenen Heiligen. Dabei hat der Evangelist Markus auf der linken Seite seinen Arm um Papst Gregor IV. gelegt, dessen quadratischer Heiligenschein anzeigt, dass er bei Fertigstellung des Mosaiks noch gelebt hat.

Meditation

Eine der ältesten Kirchen mitten in der Stadt. Der Verkehr der lauten Piazza Venezia tobt um die Kirche herum, die so noch mehr wie ein stiller Zufluchtsort wirkt. Seit dem 4. Jahrhundert beten hier Menschen. Sie verehren die Gebeine der Märtyrer und des Papstes Marcus und sind durch sie auf Christus

San Marco – Apsismosaik

verwiesen, der in dem schönen Apsismosaik wie ein Herrscher im Purpurmantel erscheint. Auch die beiden Heiligen mit dem Namen Markus sind auf dem Mosaik: der Papst Marcus, der die Kirche erbauen ließ, steht zur Linken Jesu; der bekanntere Evangelist Markus, dem wir das zweite Evangelium verdanken, zu seiner Rechten, mit dem Arm um den damals noch lebenden Papst Gregor IV. – eine freundschaftliche Geste, die zeigt, wie sehr die Heiligen nicht nur Freunde Gottes sind, sondern auch unsere Wegbegleiter, weil ihr Lebenszeugnis uns zu Christus führt.

An diesem Ort ist aber auch die Verbindung zu Venedig von Bedeutung. Lange Zeit lebte im benachbarten Palast der Statthalter von Venedig in Rom. In der Beziehung zwischen diesen beiden Städten ging es häufig um Macht und Einfluss. Heute stehen sie mehr für die Schönheit und Bedeutung der christlichen Kultur. Wir danken dir, Herr, dass es uns möglich ist, diese Stätten zu besuchen und durch die Kunstwerke und Kirchen, wie sie gerade in Rom und Venedig zu sehen sind, etwas von deinem Geist zu spüren, der sich in den Herzen und Händen der Künstlerinnen und Künstler immer neu Bahn bricht. Wir bitten dich, dass die Menschen dieses Kulturgut schätzen und bewahren, damit es noch vielen Generationen nach uns zur Freude und Erbauung dient. Darum bitten wir durch Christus, unseren Herrn.

43 Santa Maria degli Angeli e dei Martiri

Piazza della Repubblica

Diese Kirche fasziniert vor allem durch ihre Architektur, denn sie ist in die ehemaligen Diokletiansthermen eingebaut. Die größten Thermen Roms waren unter Kaiser Diokletian im Jahr 306 vollendet worden, aber schon 100 Jahre später wurden sie beim Einfall der Ostgoten weitgehend zerstört. In den folgenden Jahrhunderten verfielen die Gemäuer zusehends, bis im 16. Jahrhundert von Antonio del Duca, einem Priester, der sich besonders der Engelverehrung verpflichtet fühlte, der Plan erstellt wurde, in die ehemaligen Thermen eine Kirche einzubauen. Nachdem der Plan zunächst verworfen wurde, weil ein Neffe von Papst Julius III. (1550–1555) in den Ruinen gerne zur Jagd ging, wurde er unter Papst Pius IV. (1559–1565) umgesetzt. Michelangelo war bei der Planung der

Santa Maria degli Angeli

Kirche maßgeblich beteiligt, starb aber schon 1564, sodass sein Plan eines griechischen Kreuzes für die Kirche nicht zur Umsetzung kam. Der Bau wurde dann erst im 18. Jahrhundert vollendet.

Bemerkenswert ist, wie die Reste der ehemaligen Thermen in der heutigen Kirche Verwendung gefunden haben. Die Fassade ist eine konkave Wand, welche die Innenseite der Apsis des alten *Caldariums* (Warmbad) ist. Die Vorhalle der Kirche ist das alte *Tepidarium* (Lauwarm-Bad), während die eigentliche Kirche die Gewölbestruktur des alten *Frigidariums* (Kaltbad) aufgenommen hat. Im Inneren ist neben der großartigen Architektur auf eine Statue des hl. Bruno aus dem Jahr 1766 im linken Querschiff hinzuweisen (die Kartäuser hatten hier bis 1873 ihren Sitz in Rom) und auf die *Linea Clementina*, eine auf Veranlassung Clemens' XI. 1702 angelegte Mittagslinie (Meridian) auf dem Boden der Kirche, mit deren Hilfe die Gültigkeit des 1582 eingeführten Gregorianischen Kalenders überprüft werden sollte.

Meditation

Antike und Christentum gehen an diesem Ort eine faszinierende Verbindung ein. In den alten Thermen, in denen sich die Römer vergnügt haben, wird heute gebetet und den Menschen ein Rückzugsort geschenkt, unweit vom geschäftigen Treiben des Hauptbahnhofs. Es ist immer wieder schön zu sehen, wie sich Antike und Christentum gegenseitig befruchten. Die gewaltige Architektur der Therme geht mit der Weite eines Kirchenraumes eine perfekte Verbindung ein. In dieser Kirche haben die Kartäuser lange Zeit ihren Sitz gehabt, sie haben hier meditiert und gebetet. Heute suchen Touristen und andere Besucher einen Ort, um wenigstens für einen kleinen Augenblick zur Ruhe zu kommen. Herr, schenke uns in der Hektik des Alltags immer wieder diese kurzen Augenblicke der Stille und des Gebetes und lass uns dankbar dafür sein, was Menschen hier geleistet haben. Darum bitten wir durch Christus, unseren Herrn.

Santa Maria degli Angeli – Innenraum

44 Santa Maria dell'Anima

Via di S. Maria dell'Anima, 65

Die deutsche Nationalkirche Santa Maria dell'Anima befindet sich in unmittelbarer Nähe zur Piazza Navona und ist von außen an dem römisch-deutschen Doppeladler auf der Turmspitze zu erkennen.

Die Kirche selbst wurde in der Zeit von 1500–1542 erbaut und weist im Inneren – trotz barocker Ausstattung – eine leicht gotische Atmosphäre auf. Hervorzuheben ist neben dem schönen Altarbild von Giulio Romano, welches die Heilige Familie darstellt, und dem beeindruckenden Grabmal des Erbprinzen Karl Friedrich von Jülich-Kleve-Berg (†1575) vor allem das Grabmal des Papstes Hadrian VI. (1522–1523) an der rechten Seite des Chores.

Hadrian stammte aus Utrecht, das damals zum Heiligen Römischen Reich Deutscher Nation gehörte. So galt er als Deutscher und war der letzte nicht italienische Papst vor Johannes Paul II. (1978–2005). Das Grabmal zeigt ihn liegend, mit erschöpften Zügen. Die Inschrift darunter sagt dazu: „Wie viel hängt doch davon ab, in welcher Zeit auch des besten Mannes Wirken fällt."

Tatsächlich versuchte Hadrian, mitten in den Wirren der Reformation eine Reform der Kurie durchzusetzen, musste aber bald merken, dass er damit scheiterte. Nach nur kurzer Amtszeit starb er. Neben dem überzeugenden Glaubenszeugnis dieses Papstes kann man in dieser Kirche besonders an die deutschsprachige Gemeinde in Rom denken.

An die Kirche angebaut ist das Kolleg der Anima, in dem Priester und Studenten aus Deutschland, Österreich und der Schweiz wohnen, die an einer Universität in Rom Weiterbildungsstudien betreiben. Geleitet wird es immer von einem österreichischen Rektor.

Gebet am Grab Hadrians VI.

Herr und Gott, nur kurz hat dieser Reformpapst deine Kirche geführt. Dies geschah in einer Zeit, in der sie durch die Reformation vor der Spaltung stand, was jedoch hier in Rom nicht genügend wahrgenommen wurde. Hadrian, der aus Utrecht stammte, hatte ein sensibleres Gespür für notwendige Reformen, ist aber damit gescheitert. Wir wollen dich an seinem Grab dafür bitten, dass Menschen wie er in der Kirche gehört werden, dass wir lernen, die Zeichen der Zeit zu erkennen, und bereit sind zu Reformen, wo sie nötig sind, um deinem Evangelium in der Welt zum Durchbruch zu verhelfen. Lass uns nicht immer nur auf andere schauen, wenn wir nach Änderungen rufen, sondern auf uns selbst. Schenke uns deinen Geist, damit wir die Spaltung zwischen den Kirchen des Abendlandes, die nun schon seit 500 Jahren besteht, überwinden und im Geist Hadrians den Weg der Einheit gehen. Darum bitten wir durch Christus, unseren Herrn.

Santa Maria dell'Anima – Grabdenkmal Hadrians VI.

Gebet für die deutschsprachige Gemeinde

Herr und Gott, viele Menschen aus Deutschland, Österreich und der Schweiz kommen hier zum Gottesdienst zusammen, wo sie in der Ewigen Stadt einen Ort haben, an dem sie in ihrer Tradition singen und beten können. Die Sprache schenkt Identität, gerade auch im Glauben, der von Gebeten und Liedern lebt, die wir von Kind auf gelernt haben. Wir danken dir, dass es diesen Ort gibt. Wir danken dir für all das Gute, das du durch die deutschsprachige Gemeinde an diesem Ort schon gewirkt hast, und bitten dich für die Menschen, die hierherkommen, um einen Ort der Gemeinschaft zu finden und mit anderen in Kontakt zu kommen. Schenke allen, die an diesem Ort zum Gebet versammelt sind, Freude am Glauben und Kraft für ihren Alltag, und allen Touristen und Pilgern die Erfahrung der Geborgenheit in der gemeinsamen Tradition. Darum bitten wir durch Christus, unseren Herrn.

Santa Maria dell'Anima – Decke

45 Santa Maria in Aracoeli

Piazza d'Aracoeli

Santa Maria in Aracoeli

Die Kirche steht auf der Nordseite des Kapitolhügels auf sehr alten Fundamenten und ist heute von der Piazza Venezia aus durch den monumentalen „Altar des Vaterlandes" verdeckt. Ursprünglich befand sich hier der antike Tempel der Juno Moneta, der an der Stelle errichtet wurde, an welcher der Legende zufolge Kaiser Augustus von der Tiburtinischen Sibylle die Geburt eines göttlichen Sohnes geweissagt bekommen hatte. Er errichtete daraufhin an dieser Stelle einen Altar, der den Namen *Ara Coeli* (Altar des Himmels) bekam.

Im 6. Jahrhundert wurde eine erste Kirche erbaut, deren Eingang vom Kapitol aus war und die von der Ausrichtung her dem heutigen Querschiff entspricht. Erst im 13. Jahrhundert wurde die Kirche von Papst Innozenz IV. (1243–1254) den Franziskanern übergeben, die sie dann zwischen 1268 und 1300 im romanisch-gotischen Stil erweiterten und ihr ihr heutiges Aussehen gaben. Vom Vorplatz des Kapitols aus führt eine sehr steile Treppe, die 1348 infolge eines Pestgelübdes erbaut wurde, hinauf zum heutigen Haupteingang. Diese Treppe ist das einzige öffentliche Bauwerk aus der Zeit des avignonesischen Exils (1305–1378), als die Päpste nicht in Rom weilten. Der Volkstribun Cola di Rienzo soll sie als Erster hinaufgegangen sein. Eine Statue von ihm ist auf der Grünfläche zwischen dieser Treppe und dem Aufgang zum Kapitol zu sehen.

Santa Maria in Aracoeli – Innenraum

Im Inneren der Kirche sind im Mittelschiff noch einige der antiken Säulen aus dem Tempel der Juno Moneta zu sehen. Sehenswert sind außerdem der kostbare Cosmatenfußboden und die vergoldete Decke, die römische Bürger als Dank für den Sieg des christlichen Heeres über die Türken bei der Seeschlacht von Lepanto (7. Oktober 1571) stifteten. In der ersten Seitenkapelle rechts sieht man an den Wänden bemerkenswerte Fresken von Bernardino Pinturicchio (1454–1523) mit Szenen aus dem Leben des hl. Bernhardin von Siena, der 1424 in dieser Kirche gepredigt hat. Hervorzuheben sind darüber hinaus der Altar der hl. Helena im linken Querschiff (ursprünglich Hauptaltar), in dem die Mutter Kaiser Konstantins der Überlieferung nach begraben liegt, und besonders die Kapelle des *Santo Bambino* am Ende des linken Seitenschiffs. Obwohl die Originalstatue des Jesuskindes 1994 gestohlen wurde und die jetzige Figur eine Kopie darstellt, erhält das Santo Bambino weiterhin Briefe von Kindern aus aller Welt, und viele Römer kommen mit ihren Kindern hierher, um in der Weihnachtszeit dem Jesuskind Gedichte vorzulesen.

Meditation (im Hauptschiff)

„Dies ist der Altar des Himmels." – „Haec est Ara Coeli." Diese Inschrift am Triumphbogen macht uns darauf aufmerksam, dass wir uns hier an einem Ort befinden, an dem schon in antiker Zeit der Götter gedacht wurde. Auf den Fundamenten eines antiken Tempels wurde an dieser Stelle eine Kirche erbaut, die nun weiterhin einen Altar besitzt, der uns zum Himmel führt – als Christen glauben wir: durch Jesus Christus und all die Zeugen des Glaubens, die hier ihre Spuren hinterlassen haben. Herr Jesus Christus, zeige uns die Wege zum Himmel, die manchmal so erhebend und schön sein können wie diese Kirche, manchmal aber auch ganz banal im Alltag unseres Lebens zu finden sind. Lehre uns, die Geschichte und die heutige Wirklichkeit als Orte zu begreifen, an denen wir dir begegnen können, der du lebst und herrschst in Ewigkeit.

Meditation in der Kapelle des Santo Bambino

Vielleicht erscheint uns diese Figur etwas kitschig. Vielleicht ist es nicht unsere Art, dem Jesuskind Briefe zu schreiben und sie dann noch vor allen Leuten vorzulesen. Dennoch atmet dieser Ort ein tiefes Vertrauen in dich, o Herr. Wie viele Familien mit ihren Kindern sind schon hierhergekommen, um in ihrer Not, aber auch in Dankbarkeit bei dir zu sein. Du bist als Kind in die Welt gekommen zur Zeit des Kaisers Augustus, auf den der erste Tempel an dieser Stelle zurückgeht. Anders als Augustus warst du kein großer Herrscher, sondern der Sohn eines Zimmermanns, der in einer Krippe geboren wurde, weil in der Herberge kein Platz mehr war. Jetzt hast du hier deine Herberge gefunden wie in so vielen anderen Kirchen dieser Stadt und auf der ganzen Welt, und die Menschen kommen zu dir, weil sie sich dir nahe fühlen. Lass uns immer daran erinnert sein, dass du als kleines, schwaches Kind und nicht als starker Göttersohn auf diese Erde kamst. Deshalb bist du allen Schwachen und Kleinen nahe, allen Kindern dieser Welt, und auch uns. Dafür danken wir dir jetzt und in alle Ewigkeit.

Santa Maria in Aracoeli – Kapelle des Santo Bambino

46 Santa Maria sopra Minerva

Piazza della Minerva, 42

Diese Kirche ist architektonisch insofern ein Unikum, als sie das einzige Beispiel der Gotik inmitten des barocken bzw. des Roms der Renaissance darstellt. Die Fundamente des Baus ruhen auf antiken Gebäuden, unter anderem einem Isistempel und einem Schrein der Minerva von Chalcis (daher der Name „sopra Minerva"). Eine frühmittelalterliche Vorgängerkirche wurde ab 1280 von den Dominikanern, die einen zentralen Standort in der Stadt suchten, von Grund auf im gotischen Stil erneuert, wobei die Ausstattung der Kapellen in den folgenden Jahrhunderten wieder den Barock zur Geltung kommen lassen. Die Fassade im 15. Jahrhundert ist im Renaissancestil ausgeführt.

Das dunkle Innere, das insofern etwas der „mystischen" Atmosphäre gotischer Kathedralen gleicht, besitzt einige bedeutende Kunstwerke und Grabmäler, die zur Betrachtung einladen. Zu nennen ist die berühmte *Cappella Carafa* (im rechten Querschiff) mit bedeutenden Fresken des florentinischen Malermönches Filippo Lippi, der in dieser Kirche auch begraben liegt (links vom Chor). Sie zeigen Szenen aus dem Leben des Thomas von Aquin, des bedeutendsten Heiligen der Dominikaner und wichtigsten Kirchenlehrers des Mittelalters, der im Altarfresko den Stifter der Kapelle Maria anempfiehlt. Links vom Chor ist die 1519–1520 geschaffene Statue des auferstandenen Christus von Michelangelo, das zweite große Kunstwerk der Kirche. Der Künstler hat hier Christus als nackten antiken Helden mit Kreuz, Rohr, Seil und Essigschwamm dargestellt, was für die damalige Zeit – wie einiges, was von Michelangelo stammt – ein Stein des Anstoßes war. Dementsprechend wurde später ein bronzenes Lendentuch ergänzt. Geistlich gesehen ist das Zentrum der Kirche aber das Grab von Katharina von Siena unter dem Hochaltar. Die Reliquien dieser mystisch begabten Frau aus dem 14. Jahrhundert, die dem dritten Orden der Dominikaner an-

Santa Maria sopra Minerva – Innenraum

gehörte und seit 1970 auch Kirchenlehrerin und Schutzpatronin Europas ist, kamen erst um 1450 in diese Kirche und wurden zunächst in der *Cappella Capranica* (rechts vom Chor) bestattet. Im 19. Jahrhundert wurde der Schrein mit ihrem Körper dann unter dem Hochalter beigesetzt.

Gebet

Allmächtiger, ewiger Gott, du hast der heiligen Katharina von Siena das Leiden Christi und die Wunden seiner Kirche vor Augen gestellt. Im Dienst an der Kirche wurde ihr Leben zu einem lodernden Feuer. Mache auch uns, die wir zu Christus gehören, bereit, die Leiden seiner Kirche mitzutragen, damit einst seine Herrlichkeit an uns offenbar wird. Darum bitten wir durch Jesus Christus, unseren Herrn. (Tagesgebet vom Fest der heiligen Katharina von Siena)

Meditation am Grab der heiligen Katharina von Siena

Eine mutige Frau liegt hier begraben. Sie hat in ihrem kurzen Leben einiges bewegt und den Päpsten, die damals in Avignon regierten, ins Gewissen gesprochen. Sie überstand als mystisch begabte Frau die Anklagen der Inquisition und hatte sich durch ihre Visionen, welche die Zukunft der Kirche betrafen, Respekt verschafft. Auf die Fürsprache Katharinas bitten wir darum, dass auch wir den Mut haben, Missstände in der Kirche anzusprechen, wenn wir merken, dass sie sich vom Auftrag Jesu entfernt. Ebenso wichtig ist aber auch, dass wir dem Prophetischen und Charismatischen mehr Raum in der Kirche lassen, wie

Santa Maria sopra Minerva – Grab der heiligen Katharina von Siena

es die hl. Katharina in ihrem Leben gezeigt hat, und erkennen, dass die wichtigste Reform in der Kirche die Neuausrichtung auf Christus ist.

„Seid versichert: Wenn ich sterbe, ist die einzige Ursache meines Todes die Liebe zur Kirche." (Katharina von Siena)

Meditation vor dem auferstandenen Christus von Michelangelo

Santa Maria sopra Minerva – Christus von Michelangelo

Man fühlt sich bei der Betrachtung dieser Marmorstatue an die großen antiken Helden erinnert. Christus als der neue Apollo. Wenn da nicht das Kreuz und die Marterwerkzeuge wären, die er mit beiden Händen umgreift. Zwar ist sein Blick vom Kreuz abgewandt, als ob es nicht wichtig wäre. Und dennoch umgreift er es mit beiden Händen. Kreuz und Auferstehung gehören zusammen. Der Auferstandene hat den Tod und das Kreuz zwar überwunden, aber es gehört zu seinem und zu unserem Leben. Es kann kein Leben ohne den Tod geben, keine Auferstehung ohne das Kreuz, keine Freude ohne das Leid, kein Ostern ohne Karfreitag. So steht der Auferstandene hier für unser eigenes Leben, in dem wir immer wieder die Erfahrung machen, wie eng Freude und Leid, Tod und Leben beieinanderstehen. Sein Gesicht und seine Gestalt zeigen uns zudem etwas von der Schönheit Gottes, die uns anblickt. Es ist ein Blick der Liebe und der Güte, der uns in Jesus Christus geschenkt wurde. Herr und Gott, lass uns immer wieder Kraft schöpfen aus deinem Tod und deiner Auferstehung und deinem liebenden Blick, den du uns schenkst. Heute und in Ewigkeit. Darum bitten wir durch Christus, unseren Herrn.

47 Santa Maria della Pace

Via della Pace (hinter Santa Maria dell'Anima)

Das kleine Kirchlein Santa Maria della Pace, direkt beim Hintereingang von Santa Maria dell'Anima gelegen, ist wegen seiner formvollendeten Barockfassade von *Pietro da Cortona*, die dieser in den Jahren 1655 bis 1657 gestaltete, bekannt. Aber auch der Kreuzgang von *Donato Bramante* (1500–1504), der sein erstes gesichertes Werk in Rom ist (von der Sakristei und der Gasse links von der Fassade zugänglich), und die Fresken Raffaels mit den Sibyllen in der *Cappella Chigi*, die dieser 1514 malte, sind bemerkenswerte Kunstwerke, die einen Besuch lohnen. Der Name der Kirche geht darauf zurück, dass Papst Sixtus IV. (1471–1484) nach einem Friedensschluss mit Mailand 1482 den völligen Neubau dieser Kirche veranlasste. Insofern ist das Thema des Friedens in dieser Kirche zentraler Punkt des Gebetes und der Betrachtung.

Gebet um den Frieden (Gotteslob 19,4)
Herr, mach mich zu einem Werkzeug deines Friedens,
dass ich liebe, wo man hasst;
dass ich verzeihe, wo man beleidigt;
dass ich verbinde, wo Streit ist;
dass ich die Wahrheit sage, wo Irrtum ist;
dass ich Glauben bringe, wo Zweifel droht;
dass ich Hoffnung wecke, wo Verzweiflung quält;
dass ich Licht entzünde, wo Finsternis regiert;
dass ich Freude bringe, wo der Kummer wohnt.
Herr, lass mich trachten,
nicht, dass ich getröstet werde, sondern dass ich tröste;
nicht, dass ich verstanden werde, sondern dass ich verstehe;
nicht, dass ich geliebt werde, sondern dass ich liebe.

Denn wer sich hingibt, der empfängt;
wer sich selbst vergisst, der findet;
wer verzeiht, dem wird verziehen;
und wer stirbt, der erwacht zum ewigen Leben.
(Frankreich, 1913)

Santa Maria della Pace

48 Santa Maria del Popolo

Piazza del Popolo, 12

Wer im Mittelalter und in Zeiten der Renaissance von Norden in die Stadt Rom kam (wie Martin Luther 1511), durchschritt das große Eingangstor, das sich zur Piazza del Popolo öffnet. Noch heute ist es ein repräsentativer Eingang in die Innenstadt Roms und Beginn der Via del Corso, die von hier zur Piazza Venezia und zum Kapitol führt. Direkt links hinter dem Eingangstor steht die Kirche Santa Maria del Popolo an einem Ort, an dem sich der Legende nach das Grab Kaiser Neros befunden haben soll, weswegen man diesen Ort durch eine Kirche entsühnen wollte. Der Name der Kirche geht wohl darauf zurück, dass 1227 aus Spenden des römischen Volkes eine größere Kirche erbaut wurde, die wiederum von Papst Sixtus IV. Ende des 15. Jahrhunderts von Grund auf erneuert wurde. Baugeschichtlich stellt sie eine der ersten Renaissancekirchen in Rom dar, die durch die Zusammenfassung von Lang- und Querhaus durch eine Kuppel den klassischen basilikalen Stil mit dem Zentralbau verband. Da die Kirche seit dieser Zeit den Augustinereremiten anvertraut war, lebte auch Martin Luther bei seinem Romaufenthalt 1511 an diesem Ort. Im 17. Jahrhundert ließ Papst Alexander IV. (1655–1667) die Kirche schließlich durch Bernini noch einmal umfassend restaurieren.

Im Inneren sind einige bedeutende Kunstwerke zu entdecken: zunächst in der ersten Seitenkapelle rechts (*Cappella della Rovere*) eine wunderschöne Darstellung der Geburt Christi von Pinturicchio, sodann die monumentalen Grabmäler der Kardinäle Girolamo Basso della Rovere (†1507) und Ascanio Maria Sforza (†1507) an beiden Wänden des Chors, die *Cappella Chigi* (zweite Kapelle links) mit zwei Prophetenstatuen von Bernini (Habakuk und der Engel, Daniel in der Löwengrube) und schließlich die *Cappella Cerasi* mit den beiden ausdrucksstarken Gemälden von Caravaggio, welche die Bekehrung des Paulus und die Kreuzigung des Petrus darstellen.

Meditation an der Cappella Chigi

Ausdrucksstark sind die Propheten des Alten Bundes hier dargestellt: Jonas, Habakuk, Elija und Daniel. Alle bis auf einen haben den Blick nach oben gewandt, zu Gott oder einem Engel, von dem sie in ihrer Aufgabe Hilfe erwarten. Alle haben ihre eigene Geschichte mit Gott: Jonas, der vor ihm flieht, weil er die Unheilsbotschaft an das Volk in Ninive nicht verkündigen will und erst durch den Walfisch gehen muss, um seinem Auftrag gerecht zu werden; Habakuk, der von einem Engel in seinen Fragen nach dem Grund der Gewalt in der Welt unterwiesen wird; Elija, der auf dem Berg Horeb Gott nicht im Erdbeben oder im Feuer begegnet, sondern in einem sanften, leisen Säuseln des Windes; und Daniel, dem in der Löwengrube nichts mehr bleibt, als seinen Gott anzuflehen. Auch jeder von uns hat seine Geschichte mit Gott. Manchmal fliehen wir vor ihm wie Jona, manchmal haben wir Fragen und Klagen wie Habakuk, manchmal spüren wir ihn ganz sanft und leise wie Elija, und manchmal können wir nur noch flehen und beten wie Daniel. Insofern stehen die Propheten auch für uns.

Herr und Gott, lehre uns, in allen Situationen des Lebens dir zu vertrauen und an dir festzuhalten, gerade dann, wenn es schwer ist. Schenke uns die Kraft, unserem Auftrag gerecht zu werden, die Botschaft deiner Liebe in dieser Welt und Zeit zu verkünden. Darum bitten wir durch Christus, unseren Herrn.

Meditation an der Cappella Cerasi

Petrus und Paulus sind die Apostelfürsten der Kirche. Überall in Rom kann man sie sehen, es gibt unzählige Bilder und Statuen, die sie in ihrer Rolle als Leiter des Apostelkollegiums zeigen: Petrus mit dem Schlüssel und Paulus mit dem Schwert. Hier haben wir zwei beeindruckende und bewegen-

Santa Maria del Popolo – Kreuzigung des Apostels Petrus, Caravaggio

de Bilder vor Augen, die sie uns in ihrer Schwachheit zeigen. Petrus, der alte Mann, abgemagert und mit leicht verdrehten Augen, der hilflos über sich ergehen lassen muss, wie er an das Kreuz geschlagen wird. Anders als sein Meister aber mit dem Kopf nach unten. Man sieht auch kein Blut. Petrus leidet anders als Jesus. Er hat sein Blut nicht für uns vergossen, sondern ist aus Liebe zu seinem Herrn in den Tod gegangen. Schwach und am Ende seiner Kräfte, ein gebrochener, alter Mann, der dennoch weiß, dass er bald seinen Herrn sehen wird.

Santa Maria del Popolo – Bekehrung des Apostels Paulus, Caravaggio

Paulus auf der gegenüberliegenden Seite liegt auch am Boden. Auch er ist hilflos, aber nicht wegen seines bevorstehenden Todes, sondern wegen des Lichtes, das ihn blendet, die Erscheinung Jesu, die nur er sieht und die ihn aus dem Sattel geworfen hat. Seine Augen sind blind, aber bald wird er wieder sehen können und dann zum Völkerapostel werden, der das Evangelium in alle Welt trägt. Es mag trostreich sein, zu wissen, dass die beiden größten Apostel der Kirche auch mal am Boden lagen, dass sie hilflos waren und am Ende nichts mitnehmen konnten als ihren Glauben und ihre Liebe. Bitten wir Gott darum, dass er uns immer wieder stärken möge, wenn wir mal am Boden liegen, und dass wir im Vertrauen auf ihn unser Leben gestalten, bis wir dereinst mit ihm vereint sind. Darum bitten wir durch Christus, unseren Herrn.

49 Santa Maria della Vittoria

Via XX Settembre, 17

Santa Maria della Vittoria

Auf dem Weg vom Hauptbahnhof Termini zum Germanicum (offiziell: Pontificium Collegium Germanicum et Hungaricum), dem Kolleg für deutschsprachige Seminaristen und Priester, die zum Studium nach Rom geschickt werden, liegt diese kleine Kirche an der Via XX Settembre. Sie hat ihren Namen von der siegreichen Schlacht der kaiserlichen Truppen und der katholischen Liga am Weißenberg bei Prag zu Beginn des Dreißigjährigen Krieges (1620). Ein bei dieser Schlacht mitgeführtes Marienbild wurde lange Zeit in dieser Kirche verehrt, ist aber 1833 bei einem Brand zerstört und in unserer Zeit durch eine Kopie ersetzt worden. Erbaut wurde die Kirche in der Zeit von 1608 bis 1620 von Carlo Maderno. Einen Besuch wert ist sie vor allem wegen eines Meisterwerks von Gian Lorenzo Bernini in der Kapelle der venezianischen Familie Cornaro im linken Seitenschiff (acht Familienmitglieder beobachten von den Seitenwänden aus die Szene): die Verzückung der heiligen Teresa von Avila. Es zeigt die große spanische Kirchenlehrerin im Moment einer mystischen Erfahrung und ist der prädestinierte Ort für eine Meditation.

Meditation an der Cappella Cornaro

Vielleicht ist uns diese Szene zu erotisch, zu intim. Mit einem Liebespfeil zielt ein Engel auf die Leibmitte der heiligen Teresa. Ihr Gesichtsausdruck mit dem offenen Mund und den geschlossenen Augen zeigt, dass sie in Ekstase ist und eine Erfahrung macht, die kaum zu beschreiben ist. Gott berührt ihr Innerstes, und sie erlebt darin ein überirdisches Glück. Den meisten Menschen werden solche Erfahrungen fremd sein, sie treten aber in der Geschichte der Heiligen immer wieder auf. Entscheidend ist dabei nicht der für uns vielleicht etwas übertrieben erscheinende Aspekt der Verzückung, sondern die Tatsache, dass Gott die Menschen, die sich ihm öffnen, immer wieder auch im Innersten berühren kann. Ganz kurz und sehr selten. Aber er tut es. Und aus diesen Berührungen schöpfen sie neue Kraft für ihr Werk, das gerade bei Teresa ja nicht nur im Gebet lag, sondern in der sehr konkreten Reform des Karmeliterordens in ihrer Zeit. Sie war eine geschäftige und sehr bodenständige Frau, die viele Klöster neu gegründet und schon bestehende reformiert hat. Eine Frau, die genau wusste, was sie wollte, und sehr zielstrebig zu Werke ging. Aber sie konnte ihr Werk nur vollbringen, weil sie immer wieder auch solche intimen Erfahrungen mit Gott hatte.

Herr, wir bitten dich, lass uns offen für dich sein wie Teresa und uns Zeiten gönnen, in denen wir nur für dich da sind. Und schenke uns immer wieder auch Erfahrungen, in denen wir dir ganz nahe sein dürfen. Darum bitten wir durch Jesus Christus, unseren Herrn.

Worte der heiligen Teresa

„Nichts soll dich verwirren, nichts dich erschrecken. Alles geht vorbei, Gott allein bleibt derselbe. Die Geduld erreicht alles. Wer Gott hat, dem fehlt nichts: Gott allein genügt."

„Das Gebet ist nichts anderes als ein Verweilen bei einem Freund, mit dem wir oft und gern allein zusammenkommen, um mit ihm zu reden, weil wir sicher sind, dass er uns liebt."

50 Santissima Trinità dei Monti

Piazza della Trinità dei Monti

Die Kirche hat eine für Rom seltene Doppelturmfassade und ist vor allem wegen ihrer Lage über der Spanischen Treppe ein beliebtes Fotomotiv. Erbaut wurde sie in der Zeit von 1495 bis 1587, nachdem sie König Ludwig XII. von Frankreich schon 1482 in Auftrag gegeben hatte. Andere französische Könige haben sich um den Weiterbau und die Ausstattung bemüht, sodass sie als eine Art zweite französische Nationalkirche in Rom gelten kann (neben San Luigi dei Francesi). Der berühmte französische Landschaftsmaler *Claude Lorrain* (1600–1682), der jahrzehntelang

Santissima Trinità dei Monti

am Fuß der Kirche gelebt hat, liegt hier begraben. Das Klostergebäude nebenan gehört den Schwestern des Heiligen Herzens Jesu (*Sacré-Cœur*), und seit 2006 ist die Kirche der in Frankreich gegründeten Gemeinschaft von Jerusalem (*Communauté de Jerusalem*) anvertraut. Im Inneren gibt es einige Fresken und andere Kunstwerke. Hervorzuheben ist die „Kreuzabnahme" von *Daniele da Volterra* aus dem Jahr 1541. Geistlich steht in der Kirche vor allem das Geheimnis der Dreifaltigkeit im Zentrum der Betrachtung.

Meditation zur Heiligsten Dreifaltigkeit

Ist es nicht so, dass sich selbst für die meisten Christen faktisch nichts an ihrem Gottesbild ändern würde, wenn die Lehre vom dreifaltigen Gott von heute auf morgen abgeschafft würde? Was bringt der Glaube an die Heilige Dreifaltigkeit? Wem ist damit geholfen? Nun, er macht uns zunächst einmal bewusst, dass Gott in sich selbst Beziehung ist, Vater, Sohn und Geist. Er lebt nicht für sich allein, sondern teilt sich anderen mit. Er ist offen, kommunikativ, dynamisch. Ein christliches Leben im Namen der Dreifaltigkeit bedeutet daher, ein offenes, kommunikatives, dialogisches Christsein zu praktizieren, im Kontakt zu Gott und den Menschen. Bereit zur Veränderung und zum Sich-Verschenken. Der dreifaltige Gott lehrt uns aber auch, was es heißt, zu lieben. Denn die Beziehung in Gott hat in der Liebe ihren Grund. Daher ist ein Leben, das sich auf den dreifaltigen Gott beruft, ein Leben, das die wahre Liebe großschreibt. Wie Gott selbst.

Dreifaltiger Gott, lehre uns, offen, kommunikativ, dynamisch und voller Liebe unser Leben als Christen zu gestalten, damit wir etwas von deinem Geheimnis in dieser Welt sichtbar machen können. Denn es bringt wenig, das Geheimnis der Dreifaltigkeit zu lehren, wenn man nicht daraus lebt. Darum bitten wir dich, den Vater, durch Jesus Christus im Heiligen Geist.

Dreifaltigkeitshymnus (10. Jahrhundert; Gotteslob 353)

Erhabene Dreifaltigkeit,
in einem Licht der Gottheit eins,
unendliches Geheimnis du,
und tiefster Ursprung allen Seins.

Dich rühmt des Himmels hehre Schar,
ihr Lied ruft deinen Lobpreis aus,
dir jubelt deine Schöpfung zu,
der du dein Bildnis aufgeprägt.

Wir neigen staunend uns vor dir
und beten deine Größe an.
Vereine mit der Engel Lied
den Lobgesang, den wir dir weihn.

Was alle Einsicht übersteigt,
bekennt der Glaube ehrfurchtsvoll:
Drei sind in tiefer Liebe eins,
in einer Gottheit leben Drei.

Gott Vater, dir sei Ruhm und Preis
und deinem eingebornen Sohn,
dem Geist, der unser Beistand ist,
jetzt, immer und in Ewigkeit.

Santa Maria dell'Anima – Fenster mit Dreifaltigkeitsdarstellung

Te unum in substantia
Trinitatem in personis confitemur

SPIRITUELLE RUNDGÄNGE DURCH ROM

Im Folgenden sollen einige Routenvorschläge gegeben werden, um die im Führer genannten Kirchen miteinander zu verbinden. Dabei wird zum einen einfach nach der *Lage der Kirchen* vorgegangen, zum anderen sind *thematische Verknüpfungen* leitend.

Rundgänge nach Lage

Rund um die Piazza Navona (8 Kirchen)
Sant'Agnese in Agone (29) – Santa Maria dell'Anima (44) – Santa Maria della Pace (47) – Sant'Agostino (30) – San Luigi dei Francesi (41) – Sant'Ivo alla Sapienza (40) – Sant'Andrea della Valle (32) – Santa Maria in Vallicella (Chiesa Nuova) (35)

Rund um das Pantheon (4 Kirchen)
Pantheon (26) – Sant'Ignazio (39) – Santa Maria sopra Minerva (46) – Il Gesù (38)

Rund um Forum Romanum, Kolosseum und Celio (7 Kirchen)
San Pietro in Vincoli (19) – Santi Cosma e Damiano (24) – Santa Francesca Romana (25) – San Clemente (16) – Santi Quattro Coronati (21) – Santo Stefano Rotondo (23) – San Giovanni e Paolo (17)

Rund um den Lateran (4 Kirchen)
San Giovanni in Laterano (Lateranbasilika) (4) – Cappella Sancta Sanctorum und Scala Santa (6) – San Giovanni in Fonte (Lateran-Baptisterium) (5) – Santa Croce in Gerusalemme (3)

Rund um den Hauptbahnhof (Termini) (6 Kirchen)
Santa Maria degli Angeli e dei Martiri (43) – Santa Maria della Vittoria (49) – San Carlo alle Quattro Fontane (34) – von dort über die *Via Nazionale* nach Santa Pudenziana (15) – Santa Maria Maggiore (1) – San Prassede (22)

Rund um die Piazza Venezia (4 Kirchen)
Santa Maria in Aracoeli (45) – San Marco (42) – Santissimi Dodici Apostoli (36) – von dort Richtung *Via Nazionale* zu Sant'Agata dei Goti (10)

In Trastevere (4 Kirchen)
San Crisogono in Trastevere (13) – Santa Maria in Trastevere (14) – San Francesco a Ripa (37) – Santa Cecilia in Trastevere (20)

Vom Aventin an den Tiber (5 Kirchen)
Santa Sabina (18) – Santi Bonifacio e Alessio (31) – Santa Maria in Cosmedin (27) – San Giorgio in Velabro (28) – San Bartolomeo all'Isola (33)

Richtung Norden (Via Nomentana) (3 Kirchen)
Santa Costanza (12) – Sant'Agnese fuori le Mura (11) – auf dem Rückweg San Lorenzo fuori le Mura an der Via Tiburtina (2)

Rund um die Spanische Treppe (2 Kirchen)
Santissima Trinità dei Monti (50) – Santa Maria del Popolo (48)

Eine eigene Fahrt sind wert:
San Sebastiano fuori le Mura (Via Appia) (7)
San Paolo fuori le Mura (Metrolinie B Richtung EUR-Laurentina) (8)
San Pietro in Vaticano (9)

Rundgänge nach Themen/Gebetsanliegen

Apostel: San Giovanni in Laterano (4) – San Sebastiano fuori le Mura (7) – San Paolo fuori le Mura (8) – San Pietro in Vaticano (9) – San Pietro in Vincoli (19) – Santissimi Dodici Apostoli (36) – Sant'Andrea della Valle (32) – San Bartolomeo all'Isola (33) – Santa Maria del Popolo (48)

Frauen: San Prassede (22) – Sant'Agostino (30)

Frieden: Santa Maria della Pace (47)

Kinder: Santa Maria Maggiore (1) – San Giovanni in Fonte (Lateran-Baptisterium) (5) – Sant'Agostino (30) – Santi Bonifacio e Alessio (31) – Santa Maria in Aracoeli (45)

Krankheit/Not/Diakonie: Santa Maria Maggiore (1) – Santa Croce in Gerusalemme (3) – Santa Maria in Trastevere (14) – Santi Cosma e Damiano (24) – San Crisogono in Trastevere (13) – San Giorgio in Velabro (28) – San Bartolomeo all'Isola (33)

Märtyrer: San Lorenzo fuori le Mura (2) – San Sebastiano fuori le Mura (7) – Sant'Agnese fuori le Mura (11) – San Prassede (22) – Santo Stefano Rotondo (23) – Santi Cosma e Damiano (24) – Pantheon (26) – Sant'Agnese in Agone (29) – San Bartolomeo all'Isola (33) – Santissimi Dodici Apostoli (36)

Maria: Santa Maria Maggiore (1) – San Pietro in Vaticano (Pietà) (9) – Santa Maria in Trastevere (14) – Santa Francesca Romana (25) – Sant'Agostino (30) – Santi Bonifacio e Alessio (31)

Messdiener: San Lorenzo fuori le Mura (2)

Mission: San Paolo fuori le Mura (8) – Il Gesù (38) – Sant'Ignazio (39)

Ruhe/Stille: San Paolo fuori le Mura (Kreuzgang) (8) – Santi Quattro Coronati (Kreuzgang) (21) – Santo Stefano Rotondo (23)

Studenten/Studium/Jugend: Sant'Ivo alla Sapienza (40) – Sant'Ignazio (39)

Taufe: San Giovanni in Fonte (Lateran-Baptisterium) (5)

San Giovanni in Fonte (Lateran-Baptisterium) – Kuppel über Taufbecken

GLOSSAR[6]

Ambo: Erhöhtes Podium zur Verlesung der Hl. Schrift in der Liturgie. In den frühchristlichen Basiliken gab es meist zwei Ambonen, einen niedrigeren für die Epistel (rechts) und einen höheren für das Evangelium (links).

Apsis: Der zum Hauptraum einer Kirche oder Kapelle geöffnete Raumteil, meist halbkreisförmig und von einer Halbkuppel überwölbt. In der frühchristlichen Kirchenarchitektur Platz des Bischofs und der Priester, sehr häufig bildnerisch ausgestaltet mit Mosaiken oder Fresken.

Architrav: Waagrechter Balken (meist aus Stein) über Säulen oder Pfeilern, der den Oberbau mitträgt.

Arkade: Offener Bogen über Säulen und Pfeilern.

Atrium: Allgemein ein Innenhof mit einer umlaufenden Säulenhalle; in der frühchristlichen Kirchenarchitektur der von einer Säulenhalle umgebene Vorhof mit Reinigungsbrunnen vor dem Hauptportal der Kirche (z. B. San Clemente).

Baldachin: In der Liturgie ein Prunkhimmel aus kostbarem Stoff (z. B. bei der Fronleichnamsprozession); in der Architektur der dachartige Überbau über einem Grab oder einem Altar.

Baptisterium: Taufkirche mit einem zentralen Taufbecken in der Mitte, meist mit einem runden oder polygonalen Grundriss, von der äußeren Form aber achteckig, da die Zahl Acht in der christlichen Zahlensymbolik für den Neuanfang steht (Taufe = erster Tag der neuen Schöpfung).

[6] Vgl. dazu auch Hans Georg Wehrens, Rom. Die christlichen Sakralbauten vom 4. bis zum 9. Jahrhundert. Ein Vademecum, Freiburg 2016, 345-380.

Basilika: Antike Bauform, die ursprünglich als Kaiserhalle, Gerichts– oder Markthalle und Palastbau diente. In der frühchristlichen Architektur wird die Basilika zum wichtigsten Kirchenbau, längs ausgerichtet und rechteckig, mit zwei oder vier Seitenschiffen und einem überhöhten Mittelschiff.
Campanile: Feststehender Glockenturm, seit dem 5. Jahrhundert bekannt.
Ciborium: Baldachinartiger Überbau über dem Hochaltar, Grabmal oder Taufbrunnen, sehr häufig in Rom und Italien zu finden.
Confessio: Andachtsraum unter dem Altar, der von oben einsehbar und durch Treppen (meist mit Ziergeländern und Öllampen versehen) erreichbar ist. In der Confessio befinden sich in vielen Kirchen Roms Gräber von Märtyrern und Heiligen, aber auch andere Gegenstände der Verehrung.
Cosmaten: Künstlergruppe aus der Nähe von Como, die vom 12. bis 14. Jahrhundert viele Mosaikarbeiten (v. a. Fußböden) in Rom geschaffen hat. Der Name rührt von der Tatsache her, dass viele Künstler der Gruppe den Namen Cosmas trugen.
Diakonie: Frühchristliche soziale Einrichtung für Kranke, Obdachlose und Bedürftige, häufig in der Nähe von Kirchen angesiedelt.
Epitaph: An Wand oder Pfeiler angebrachtes Grabdenkmal mit Inschrift und künstlerischer Gestaltung.
Fresko: Ein auf feuchten Putz aufgetragenes Wandgemälde (*fresco* = frisch), das besonders haltbar ist.
Gemmenkreuz: Kreuz, das mit geschnittenen Edelsteinen (*gemma*) oder Perlen verziert ist; in der Spätantike höchstes christliches Symbol.
Graffiti: Schrift oder Zeichnung, die in eine Wand oder Platte eingeritzt wurde, häufig in Katakomben oder an Märtyrergräbern, bedeutend für die frühchristliche Symbolik.
Ikone: Mit besonderer Maltechnik und nach streng geregelten Formen geschaffenes Gemälde, das – seit dem 6. Jahrhundert aus dem Osten

kommend – vor allem Christus, Maria und die Heiligen zeigt und zur kultischen Verehrung dient.

Kanon: In der Liturgie das Hochgebet als zentrales Stück der Heiligen Messe; meist ist der römische Messkanon gemeint, der in seiner Endgestalt auf Papst Gregor den Großen (590–604) zurückgeht und zahlreiche Heilige (Frauen und Männer) nennt, die in Rom verehrt wurden.

Katakombe: Frühchristliche unterirdische Begräbnisstätte, häufig in mehreren Stockwerken untereinander angelegt.

Krypta: Unterirdischer Raum, meist unter dem Altar gelegen, der sich aus der Confessio entwickelt hat, häufig als Grabstätte dient und den Charakter einer Unterkirche hat.

Mausoleum: Überirdischer Grabbau, benannt nach dem Grabmal des Königs Mausolos von Karien in Halikarnassos (353 v. Chr.).

Memoria: Kleiner Grabbau oder Gedächtniskapelle, z. B. die ursprüngliche Grabstätte von Petrus unter der Peterskirche.

Mithräum: Kultstätte des altpersischen Lichtgottes Mithras, dessen Kult im antiken Rom vor allem bei Legionären verbreitet war, z. B. in San Clemente (Unterkirche).

Nekropole: Die vor den Mauern der Stadt gelegenen Friedhöfe (Nekropolis = Totenstadt).

Nimbus: Heiligenschein oder Strahlenkranz, der den Kopf einer sakralen Person oder eines himmlischen Wesens (Engel) umgibt. Dabei unterscheidet man den Kreuznimbus, der Christus und dem Lamm vorbehalten ist, den dreieckigen Nimbus für Gottvater und die runden Nimbusse für die Heiligen. Einen viereckigen Nimbus haben in der christlichen Ikonographie noch lebende Personen (z. B. Päpste, Stifter einer Kirche etc.).

Orantenhaltung: Gebetshaltung mit ausgebreiteten Armen bzw. mit betend erhobenen Händen, wie sie in der frühchristlichen Kunst v. a. in den Katakomben vorkommt.

Oratorium: Versammlungsraum der frühen Christen, später privater Gebetsraum, häufig angeschlossen an eine Kirche, aber von dieser getrennt.
Pallium: Über dem Messgewand getragene ringförmige Stola mit sechs aufgestickten schwarzen (Erzbischof) oder roten (Papst) Kreuzen. In der Confessio von St. Peter werden die Pallien der neu erwählten Erzbischöfe aufbewahrt und erhalten so den Charakter einer Berührungsreliquie.
Pantokrator: Christusbild in der frühchristlichen Ikonographie, das Christus als Weltenherrscher zeigt, häufig mit der rechten Hand segnend und in der linken die Gesetzesrolle haltend.
Patrozinium: Das Titelfest des Heiligen oder Schutzpatrons, dem eine Kirche geweiht ist.
Porphyr: Vulkanisches Gestein, das in der Antike am Mons Porphyrites in Ägypten abgebaut wurde und ein purpurfarbenes Aussehen hatte; wurde im alten Rom gerne für Sarkophage und Skulpturen verwendet.
Portikus: Von Säulen oder Pfeilern getragener Vorbau, meist an der Eingangsseite einer Kirche oder eines Gebäudes.
Presbyter: Bezeichnung für den Priester, der zusammen mit den Bischöfen und Diakonen den Stand des Klerus bildet, abgeleitet vom griechischen Wort *presbyteros* (= Ältester).
Rotunde: Zentralbau über kreisförmigem Grundriss, nach oben offen oder überdacht.
Sakralbau: Sammelbezeichnung für frühchristliche Bauten, die für religiöse, sakrale oder rituelle Zwecke bestimmt waren, z. B. Kirchen, Oratorien, Diakonien, Mausoleen oder Baptisterien.
Sarkophag: Aufwendig gestalteter Sarg in Form einer Kiste oder Wanne, meist reich verziert mit künstlerischem Dekor.
Schola cantorum: Eigentlich Sängerchor. Im Kirchenbau ist damit ein abgeteilter Bereich für die Zelebranten, Lektoren und Kantoren (Sänger) in einer frühchristlichen Basilika gemeint, zu dem klassischerweise zwei Lesepulte (Ambonen) für die Lesung (Epistel) und das Evangelium gehören.

Theophanie: Gotteserscheinung, häufiges Motiv in der frühchristlichen Mosaikkunst.

Thermen: Öffentliche Badehäuser im antiken Rom, die zur Gesundheitspflege, Kommunikation und zum Zeitvertreib dienten.

Titelkirche: Seit dem 4. Jahrhundert wurden in Rom für die einzelnen Gemeinden sogenannte Titelkirchen errichtet und einem Presbyter unterstellt; später entwickelte sich das Kardinalskollegium daraus. Bis zum Mittelalter gab es nur knapp 30 Titelkirchen in Rom, 1590 waren es 50 (unter Sixtus V.), 2015 gab es 179 Titelkirchen, da bis heute jedem Kardinal eine Titelkirche zugewiesen wird.

Titulus: Allgemein die Bezeichnung für eine Inschrift oder Bildunterschrift, aber auch für eine mit einem Titulus versehene Gemeindekirche.

Triclinium: Speiseraum in antiken Häusern, benannt nach den drei Liegen (Klinen) um die Tische herum, auf denen die Speisenden lagen. Von der vierten Seite her wurde bedient.

Tunika: Wollenes Untergewand in der griechischen und römischen Antike, im frühen Mittelalter auch als Obergewand benutzt.

Vierung: Der Raum, der durch die Durchdringung von Mittelschiff und Querschiff einer Kirche entsteht. In manchen Kirchen Ort des Altars.

Zentralbau: Neben der Basilika die wichtigste architektonische Form in der christlichen Baukunst der Antike. Die Hauptachsen sind gleich lang, können aber rund, oval, quadratisch, polygonal oder kreuzförmig sein.

Zwerggalerie: Ein von kleinen Säulen getragener Arkadengang unter dem Dachansatz eines Gebäudes, vorwiegend an der Apsis einer Kirche (in Rom an der Apsis der Basilika SS. Giovanni e Paolo).